誰も教えてくれなかった
「なりたい自分」
の見つけ方

なりたい自分発見ラボ

CROSSMEDIA PUBLISHING

はじめに

「なりたい自分なんて、正直よくわからない」

　そう思って、立ち止まったり、悩んだりしていませんか?

　周りには目標に向かって輝いている人がいて、自分だけが迷子になっている気がする。

　そんなふうに思う人は少なくありません。

「自分らしさ」や「理想の自分」を見つけるのは、簡単ではありません。

　特に、今の時代は選択肢が多すぎて、何を選べばいいのか見えにくい。

　だからこそ、立ち止まることも、迷うことも、自然なことなのです。

　この本ではなりたい職業を見つけ、努力の末に夢を実現した人、社会に出てから本当になりたい自分に気づき、キャリアチェンジした人など、10～60代までの世代も性別も異なる30人にインタビューをして、「なりたい自分」を見つけ、叶えるためのヒントや、考え方の糸口を聞きました。

　彼らの多くは最初から「なりたい自分」があったわけではありません。模索と挑戦を繰り返し、ときには迷い

ながら、少しずつその姿を見つけていきました。
「これだ」と思える道にたどり着くまでの過程は、決してまっすぐではなく、むしろ曲がりくねっていた人がほとんどです。

　彼らの共通点は、「何もしない」よりも「やってみる」を選んだこと。
　それが、新しい自分や、思いがけない道へのきっかけを生んでいたのです。

「自分が本当にやりたいことなんてわからない」と感じているあなたへ。
　もしかしたら、小さな気づきや、子どもの頃からの興味関心が、未来の「なりたい自分」への第一歩につながるかもしれません。

　迷いの中にいるあなたが、この本を手に取ったのも、きっとひとつのきっかけです。
　次の一歩を踏み出す勇気を見つけるために、ページをめくってみてください。

なりたい自分発見ラボ

CONTENTS

はじめに 2

第1章　生涯にわたって「なりたい」を考える

科学的な根拠が示す適職探しの正解
いろんなことに挑戦し「なりたい自分」になる 10
サイエンスライター　**鈴木 祐**

とことん努力した自信がチャンスを
自らつかみ取る原動力に 18
Human Academy CREST GAMING "CREATOR"　**Wh1skey**

第2章　10代で「なりたい」に向き合う

「挑戦する」という一歩がなければ、
どんな夢も叶わない 28
声優　**小原 好美**

迷ったらワクワクするほうへ
選んだ道を正解にするのは、自分次第 32
声優　**大和田 仁美**

長いようで短い学生時代
「自分から」の行動が今につながる 36
株式会社セガ ゲームプログラマー　**羽鳥 歩**

挫折を越えてつかんだプログラミングの世界 ·············· **40**

株式会社サイバーエージェント Androidエンジニア **原田 伶央**

偶然の出会いをチャンスに変える力 ························· **44**

福岡ソフトバンクホークス アスレティックトレーナー **有馬 大智**

第3章 大人になって「なりたい」を見つめ直す

やりたいこと探しの答えは
すでに自分の中にある ·························· **50**

キャリアコンサルタント／日本語教師 **後藤 美恵**

1,000時間を超える学びで
フリーランスとしての自信をつかむ ·············· **54**

フリーランスWebクリエイター／コーダー **藤澤 亘**

学びと挑戦を続けることで
ネイリストとしての夢を現実に ·················· **58**

ネイルサロン「CRESCEMT.」「vrai」ネイリスト **Yu-ka**

自分の根底にある好奇心を育み
動画づくりの道を極める ························ **62**

YouTuber／動画クリエイター講師 **本津 誠司**

日本ならではの伝え方を教えて
外国人が働きやすい職場をつくる ··············· **66**

株式会社エルロン 代表取締役 **石川 陽子**

CONTENTS

第4章 MBAで広がる自分の可能性

グローバルな視野と行動力が
進むべき道を照らしてくれる 72
株式会社RAVIPA 代表取締役 **新井 亨**

未来を考えるための武器を手に入れる 76
株式会社リクルート ソリューションデザイン1部グループマネージャー **髙木 瑞香**

迷いを捨て、挑戦すれば、
自分の強みや道が見えてくる 80
Yuki　H1合同会社 社長（CEO） **平井 信行**

1つひとつのチャンスをきっかけに
自分の得意分野が見えてくる 84
オリックス銀行株式会社 デジタル戦略推進部デジタル推進チームマネージャー **牟田 香奈**

学び続ける姿勢が見える世界を広げてくれた 88
株式会社タウ 代表取締役社長 **宮本 明岳**

第5章 子ども時代から「なりたい」を育む

誰にも負けない自分だけの個性を磨きたい 94
「クリエイティブロボティクスコンテスト2024」総合大賞受賞 高校1年生 **飯田 空大**

全国大会で2大会連続MVP賞
将来はロボットを作る仕事に就きたい 98
「ヒューマンアカデミーロボプロ全国大会」2大会連続MVP賞受賞 高校3年生 **山本 蒼也**

6

仲間と取り組んだボランティア活動で
こども家庭庁から表彰 ………… 102

Maple tree代表 高校1年生 **小池 楓**

たくさんの科学体験から
子どもたちに学ぶ楽しさを伝えたい ………… 106

科学教室「サイエンスゲーツ」芦屋東山教室オーナー **神 愛**

子どもたちの考える力を伸ばし
未来を担う人材を育てたい ………… 110

キッズロボ合同会社 代表 **高橋 留美子**

第6章　日本に来て「なりたい」を決める

次に叶えたい夢は
ミャンマーで日本語学校を創ること ………… 116

自動車整備士 **アウン・チョウ・ピョー**

40代後半になって気づいた
自分が本当に実現したい夢 ………… 120

バッグブランド「ROVETOM」代表 **キム・ジェフン**

言葉は文化、学ぶことで自分の世界が広がっていく ………… 124

国内旅行会社勤務 **ビルセン・ヤシャム・セリン**

2人で生きていくために最善の選択をする ………… 128

機械設計エンジニア **レン・イリョウ**
フリーター **オウ・カキ**

7

CONTENTS

苦しくてもあきらめないことが
なりたい自分になれる近道 …… **132**

ホテルフロントスタッフ **キム・ジフン**

第7章　海外で見つけた「なりたい」を叶える

与えられたチャンスには
常に「イエス」と答えて挑戦する …… **138**

バッグデザイナー兼コンテンツクリエイター **石井 日奈子**

たくさんの魅力的な出会いが
人生をポジティブに変えた …… **142**

アマゾンジャパン合同会社 ファイナンシャルアナリスト **松山 隆**

グローバルな活動を通して
動物倫理の課題解決に挑む …… **146**

CITES Global Youth Network 日本代表 **田中 奏子**

夢はソーシャルビジネスの起業
デザインの力で社会貢献したい …… **150**

カリフォルニア州立大学ロングビーチ校大学院 **村山 はな**

やりたいことが変わっても
積み上げた経験は未来につながっていく …… **154**

パーソルキャリア株式会社 BRS事業部ITコンサルタント **岩野 孝夫**

column
なりたい自分を叶える「SELFingシート」 …… **158**

●制作協力：ヒューマンアカデミー・総合学園ヒューマンアカデミー・ヒューマンアカデミージュニア・ヒューマンアカデミー日本語学校・ウェールズ大学 トリニティセントデイビッド MBAプログラム・産経ヒューマン留学センター
●装画：池上 幸輝
●写真：宮津 かなえ
●カバーデザイン：都井 美穂子
●本文デザイン：大谷 達也、佐藤 実咲（アイル企画）

第1章

生涯にわたって「なりたい」を考える

この章でお話をうかがうのは、
サイエンスライターの鈴木祐さんとeSports選手のWh1skeyさん。
鈴木さんには、「仕事選びには科学的に正しい方法がある」という視点から、
なりたい自分を見つける方法について語っていただきます。Wh1skey選手は、
eSportsという独特な世界で、どのように自分の可能性を広げてきたのか、
その経験をシェアしてくれます。2人の視点を通して、
私たちが「なりたい自分」をどう捉え、
どんなアプローチで向き合うべきかが明らかになるでしょう。

第1章　生涯にわたって「なりたい」を考える

科学的な根拠が示す適職探しの正解
いろんなことに挑戦し「なりたい自分」になる

サイエンスライター
鈴木 祐

膨大な研究データから考察した「科学的に幸せになれる仕事」＝「適職」を探す方法を指南するのが、13万部超のベストセラー『科学的な適職』を書いたサイエンスライターの鈴木祐さんです。キャリアのスタイルが多様化する現代において、"自分にぴったりの仕事"を見つけるには、どんなアプローチがいいのでしょうか。

　鈴木さんは、「仕事選びの障がいとなる脳のバグ」を知っているだけでも、私たちがハマりやすい職業選択の失敗を回避して、幸せになれる仕事を見つけやすくなるとアドバイスします。

　そのような脳の仕組みを踏まえつつ、自分が幸せになるための科学的な仕事選びのポイントや、視野を広げる大切さを教えてもらいました。

脳のバイアスを取り除けば「適職」が見つかる

　今の時代、業界や職種はもちろん、働き方も多様化が進んでいます。その選択肢の多さゆえに「自分に合う仕事は何か？」と、多くの人が悩むことになっているのです。僕がそのひとつの解として挙げているのが、「科学的な適職探し」です。ここでいう適職とは、「自分の幸福が最大化される仕事」と定義しています。

科学的に自分に合う適職を探すといっても、なかなかイメージがわかないかもしれません。ひとことで言うと、「バイアス」を取り除いて仕事を探すということです。バイアスを簡単に説明すると、人間の脳が生まれつき持っている「バグ」のようなものです。

　たとえば、「自分は運転がうまいと思いますか？」という質問に対して、ほとんどの人が「60点くらいかな」と答えます。しかし、全員が60点ということは、統計上あり得ません。それくらい人は自分のことを平均的に見積もるバイアスがあるということです。

　もうひとつ、例を挙げてみましょう。不動産を購入するとき、最初に高い値段の物件を見て、その後に安い物件を見ると、当初の予算より高くても割安に感じて購入しやすくなります。これも脳のバイアスです。

　このような思考のエラーは、人間であれば誰もが持っているものなの

で、どれだけ気をつけていても間違った判断をしてしまうのは、ある意味、仕方がありません。からくりがあるとわかっているのに、だまし絵やトリックアートで錯覚してしまうのと同じことなのです。

人間の脳は現代の職業選択に適応していない

　では、なぜそのような脳のバグが、職業を選択するときにも生じてしまうのでしょうか。その理由はごく簡潔で、人間の脳にはそもそも「職業選択」というプログラムが備わっていないからです。

　我々人間は、長い進化の歴史のほとんどを「生きる」ことを最大目的として過ごしてきました。脳にとっては、人間の仕事は生きるための「狩り」や「食物採集」、そして子孫を残すための「子育て」くらいです。自分に合う仕事、生きがいを得られる仕事を選択するためのプログラムを脳は持ち合わせていません。

　一方で、現代に生きる私たちは、多種多様な仕事の中から自分に合うものを見つけ出さなくてはなりません。脳のプログラムと実際の私たちのニーズにズレがあるため、バグが生じてしまうのです。偏見や思い込み、思考の歪み、不合理性というようなバグが、正しい選択の邪魔となり、誤った職業選択をしやすくしています。

　そのようなバイアスを取り除くことができればベストですが、残念ながらこれは人間であれば誰もが共通して持つ特性です。バイアスがあること自体は、避けようがないのが現実です。

　しかし、「自分の選択にはバイアスがある」ということをあらかじめ知っておく、もしくは「自分はどんなバイアスに陥りやすいのか」を認識しておくことは、とても重要です。それを知っているだけで、自分の選択に対してバイアスがかかっていないか自問自答し、正しい選択へと軌道修正することが可能になるからです。

「視野の狭さ」を解消し、適職の可能性を広げる

　また、脳のバイアスを生み出す最大の原因となる「視野の狭さ」を解

消することも必要になってきます。人は最初にぼんやりと「好きを仕事にする」ということを仕事探しの起点とするケースも少なくありません。しかし、この「好き」ということ自体を、ものすごく狭い視点でしか捉えられていないのです。

　一度、「この仕事がいいかもしれない」と思うと、その直後から思考は狭まり、そのほかの選択肢には目が向かなくなります。狭い分野の少ない候補の中から、自分に合う職業を選ばざるを得なくなります。そうではなくて、視野を広げて選択肢を増やすためにも、調べる数はもっと多くあるべきでしょう。狙っている業界があるとしたら、それプラス5〜7つくらいの業界について調べてみる。そうするとまったく違うものが出てきて、選択肢も多様になってきます。ときには、その道の先輩や専門家に相談するのもよいかもしれません。

　選択肢を増やすことが大切なのは、職業選択に限らず、人生全般においても言えることです。結婚するとき、家を買うときなど、重要な決断であればあるほど、選択肢は多様で、かつ数が多いほうがよく、その中から、本当に自分に合うものを選べばいいのです。

幸福な仕事に必要な「7つの徳目」

　しかし、視野を広げてほかの業界や職種を見たほうがいいとわかっていても、どうやって広げていけばいいのかわからないという人がほとんどではないでしょうか。キーワードは、幸福な仕事に必要な「7つの徳目」です。具体的には、下の図にある①自由、②達成、③焦点、④明確、⑤多様、⑥仲間、⑦貢献になります。

図　幸福な仕事に必要な「7つの徳目」	
① **自由**：その仕事に判断や決定をする自由度はあるか？	
② **達成**：前に進んでいる感覚は得られるか？	
③ **焦点**：自分のモチベーションタイプに合っているか？	
④ **明確**：なすべきことやビジョン、評価軸ははっきりしているか？	
⑤ **多様**：作業の内容にバリエーションはあるか？	
⑥ **仲間**：組織内に助けてくれる人はいるか？	
⑦ **貢献**：どれだけ世の中に役立つか？	

第1章　生涯にわたって「なりたい」を考える

さまざまな業界や職種、企業を探すときに、まずはこの7つの徳目が揃っているかどうかをチェックしてみてください。この7つが揃っているなら、それはあなたが「幸せになれる仕事」だと考えていいでしょう。

　最初はそんなふうに視野を広げて調べることが面倒に思えるかもしれませんが、そのうち新しい視点や発見が得られるようになります。そうすると、調べること自体がどんどん楽しくなってきます。

最重要ポイントとなるのは、どんな人と働くか

　7つの徳目の中でも、特に重要なポイントとなるのが「仲間」、つまり「どんな人と働くか」です。誰と働くかはそれほど重要な要素なのにもかかわらず、面接などで職場の雰囲気や同僚となる人について質問する人はあまりいません。気後れせずに、「どんな雰囲気の職場ですか?」「どんな感じの人が働いているのでしょうか?」など、積極的に質問してみるようにしてください。

　職場の雰囲気について聞かれれば、会社はきちんと答えてくれるはずですし、もし納得できるような回答をしてくれない会社であれば、その会社であなたは幸福になれないと見切りをつけたほうがいいでしょう。

「なりたい自分」を考える前に、自分を理解する

　自分に合う仕事を探すときは、「なりたい自分を思い描く」ことはとても大切です。ただし、そこで必要なのが、「自分がどういう人間なのか」をしっかり理解しておくことです。つまり、それが「自分発見」です。自分を発見することで、あとはその「自分」という設計図に合わせてどう組み立てれば、「なりたい自分」になれるかを考えていきます。

　たとえば、「自分は人見知りだ」と自己分析ができていれば、「もっと社交的になるようにしよう」と、欠点を補うことを考えられます。もしくは、「自分は論理的思考が得意だ」と思うなら、それを活かせる仕事を探すこともできます。

　このように徹底的に自分を分析することで、結果的に自分の未来を地

に足がついた状態から組み立てられるようになるでしょう。それは人生の満足度をアップすることにも直結します。

ライフストーリーを書き出し、自分の未来を予測する

　自分を発見して、なりたい姿を思い描くのに有効な方法のひとつに、「ライフストーリー法」があります。生まれてからこれまでの自分の人生をひとつの物語に見立てて書き出す方法です。これまで関わりのあった人物、人生の分岐点、どんなトラブルがあってそれをどう克服したのか、人生のクライマックスはどこだったのか。

　そういったことを細かく書き出していくと、「自分は何が得意なのか」「どういう趣味趣向があるのか」などを客観的に判断できるようになっていきます。その結果として、これまでのライフストーリーの延長線上にある未来を予測したり、現実的に対策をしたりしやすくなるのです。ライフストーリーを書き出してみると、自分は人前だとプレッシャーを感じやすいが、裏方的な役目なら力を発揮しやすいと分析できたとします。そこから考えると、この人の場合は、人をサポートするような業界、職種で仕事を探すことが適職への近道となるでしょう。

「とりあえずやってみる」ことが適職に出会う近道に

　ここまで、視野を広げて選択肢を増やすこと、自己発見をすることの大切さをお伝えしてきました。それらに加えて大切になってくるのが、自分の考えに固執しすぎず、「とりあえずいろいろとやってみる」ということです。

　最初に「なりたい自分」という理想像を浮かべて、それに向かっていくことで、充実感を味わえる仕事を見つけやすくなることもあります。しかし、そうではなくて、逆の順番で仕事探しをしたほうが、適職を見つけやすくなるのではないでしょうか。なぜなら、やる前から自分にとって楽しい仕事を見抜くことは、そもそもハードルが高くなりがちだからです。まずは、ランダムでいいので「とにかくいろいろやってみる」こ

とです。それをやっていくうちに、「なりたい自分」が見えてきます。最初はその仕事に対して特別に好きという感覚がなかったとしても、やっていくうちに楽しくなったり、好きになったりする仕事が出てきます。

　それは偶発的な要因の影響が大きく、「人に恵まれた」「環境が整っていた」「自分の特性に合っていた」というようなことが重なり、その仕事が楽しい、やりがいを感じるというように変化していくのです。ですから、まずは目の前のことをやってみる。そのマインドこそが、なりたい自分に近づく道になります。

　実は、いろいろな新しいことにトライし続けると、脳を健康に保つことができるという研究結果があります。健康な脳は、問題解決能力や創造力も高くなります。柔軟な考え方ができるようになるので、自分への決めつけもなくなり、アイデンティティも多様化していきます。結果的に視野が広がり、以前はあまり興味を感じていなかった職業に魅力を見出せるようになります。わかりやすく言うと、いろいろなことをやり続けていくうちに自分自身がどんどん更新されて、可能性が広がっていくというイメージです。

「なりたい自分」が見つかったら徹底的にリソースを投入

「楽しい」「もっと続けられそうだ」という仕事が見つかれば、もはや「なりたい自分」に悩む必要はありません。そこからは「なりたい自分」というゴールに向け、ひたすらリソースを注ぎ込んでいくだけです。

　時間、お金、能力などのリソースを投入していくうちに、その仕事への意欲が高まり、生きがいにもなっていくでしょう。

　僕自身も、「この分野で自分は頑張っていく」ということが見えてきたときには、時間や労力などのリソースをかなり注ぎ込みました。ブログは1日3回ほど更新し、研究論文は自腹で購入。論文で見つけたことを自分でも積極的に実践し、検証するようにしました。

　ただし、なりたい自分になるには「努力が必要」と思ってしまうと、なかなか続けることが難しくなってしまいます。そうではなくて、リソー

スを投入することは、なりたい自分に近づく過程として楽しめるような感覚を持てることが大切になってくるでしょう。

そのためにも、やはり「いろいろなことを試してみる」ことをおすすめします。たまたまうまくいくもの、楽しいものがあれば、それに時間やお金、労力をかけてみる。歯を食いしばって頑張るよりも、それくらいの感覚で捉えたほうが、スムーズにものごとが進んで、結果的にうまくいったりするものです。

そう考えると、「たまたまうまくいく」ということが、実はすごく重要なポイントなのだということがわかります。

「なりたい自分」は自身の成長に合わせて変化する

最後にお伝えしておきたいのは、長い人生では「なりたい自分」は変わっていくものだということです。「なりたい自分」を見つけてそこである程度キャリアを積むと、そこから収穫できるものがなくなる段階というのが必ずやってきます。それまで自分が成長できている充実感があったのに、どこからかその成長が頭打ちとなり、楽しさが失われてしまうのです。それは次のフェーズに移るタイミングということ。新しい何かを模索したほうがいい時期だということを、見極める必要があります。その見極めができないと、マンネリを感じながら過去の成功体験にしがみつくことになります。それは人生という長い時間軸においては、自分の幸福から遠ざかることになってしまうでしょう。

このように「なりたい自分」や「自分に合う仕事」は周期的に変化します。それを知っているだけで、どんなときでも自分を幸せにしてくれる「適職」を柔軟に捉えられるようになると思います。

●すずき・ゆう／慶應義塾大学SFC卒業後、出版社勤務を経て独立。10万本の科学論文の読破と600人を超える海外の学者や専門家へのインタビューを重ねながら、ヘルスケア、生産性向上をテーマに書籍や雑誌で執筆。自身のブログ「パレオな男」で心理、健康、化学に関する最新の知見を紹介し続け、月間250万PVを達成。著書に『科学的な適職』（クロスメディア・パブリッシング）などがある。

第1章　生涯にわたって「なりたい」を考える

とことん努力した自信がチャンスを自らつかみ取る原動力に

Human Academy CREST GAMING "CREATOR"
Wh1skey

新しい競技として世界的に人気を集めている「eスポーツ」。
アメリカやヨーロッパ、南米などは、eスポーツが盛んで、
オリンピック競技への参加も期待されています。
そんなeスポーツの世界で
プロとして活躍していたのがWh1skeyさんです。
現在は、Human Academy CREST GAMING "CREATOR"と
して、eスポーツの広報活動をする傍ら、
eスポーツのプロを目指す若手の指導も行っています。
Wh1skeyさんは、どのようにしてeスポーツのプロ選手という
「天職」を見つけ、それを手に入れることができたのでしょうか。
チャンスをつかむ力と、努力を重ねた軌跡をうかがいました。

eスポーツの世界でプロとして活躍

「eスポーツ」といっても、具体的には何をしているのかよくわからないという人もいると思います。eスポーツは、ひと言でいうとゲームを使った対戦をスポーツ競技として捉える際の名称です。スポーツは、野球やサッカーのように「体を動かす」イメージが強いので、「eスポーツもスポーツなの？」と思う人もいるかもしれませんが、実際に体を動かすことはなくとも、競技性があるという点ではほかのスポーツと同じなのです。

　eスポーツは、ゲームのタイトルごとに競技が分かれています。1人対1人で戦うゲームもあれば、5人対5人などチームを組んで同時にプレイするものもあります。短距離や長距離、走り幅跳びなどいろいろな競技がある陸上競技に、階級がある柔道をかけ合わせたような仕組みで、かなり細分化されて競技が行われています。

　僕は『レインボーシックス シージ』というゲームで、プロ選手とし

て３年間、活動。2023年には、世界大会に出場し、自分なりに納得の
いく結果を出せたと思っています。

ゲームはあくまでも趣味。
プロは遠い世界だと思っていた

　僕は埼玉県出身で日本人の父、フィリピン人の母のもと、４人きょう
だいの末っ子として育ちました。小さい頃は野球少年で、小学生のとき
はプロの野球選手になるのが夢でした。小学生の頃から、『ファイナル
ファンタジー』やダークファンタジー系のゲームが好きで、よくゲーム
をして遊んでいました。とはいえ、ゲームばかりをやっているというこ
ともなく、外で友達と遊ぶのも好きな、どこにでもいる子どもでしたね。
　高校時代はバンド活動に夢中になっていました。高校卒業後は、食品
工場に就職して、働きながらバンド活動を続けるつもりだったのです。
ただ、通勤が片道40 〜50分かかるうえ、早番遅番のシフト制で勤務時
間が不規則なため、バンドは自然消滅。初任給でプレイステーション４
を買ったのをきっかけに、以前から好きだった『レインボーシックス
シージ』にハマるようになったのです。
『レインボーシックス シージ』は、５人１組になり、チームで銃撃戦
をするゲームです。やっているうちに、自分はほかの人より上達が早い
ということに気づきました。どんどん強くなるので、面白さが増してい
きました。
　そのうちよく一緒にゲームをしている人から「チームを組まないか」
と誘われたのが、今思うと、プロへの入り口につながっていったのだと
思います。ただし、当時はチームを組むといっても、プロを目指そうと
はまったく考えていませんでした。
　もちろん、eスポーツにプロの世界があることは知っていましたが、
国内には『レインボーシックス シージ』のプロリーグもありませんで
した。何よりプロとして活動するには、メンバーを集めて、そのチーム
を維持する必要がありますが、その大変さを考えると、とてもプロが現
実的なものとは思えませんでした。

環境と働き方を変えることが大きな転機に

　そんな僕がプロを目指すきっかけとなった2つの出来事があります。

　ひとつはパソコンを購入したことです。プロになるにはゲーミングパソコンが必須ですが、総額30万円くらいします。高卒で働き始めたばかりの僕にとっては大金でしたが、ボーナスをもらったのを機に思い切って購入することに。プロになるために購入したわけではありませんでしたが、少なくともプロになる環境を整えることができました。

　もうひとつは、母がんで入院したことです。母のがんは寛解していますが、当時は母の代わりに父の町工場を手伝ってほしいと言われて、務めていた食品工場を辞めることにしました。2000年の終わりのことです。これによって働き方が変わったことが、僕にとってはすごくいい結果をもたらしてくれました。シフト制で働いていると、どうしてもほかのメンバーと時間が合いづらくなってしまいます。通勤時間がなくなり、勤務時間も一定になることで、ゲームで練習試合をしたり、攻略の研究に割いたりする時間が圧倒的に確保できるようになりました。

　食品工場時代、早番のときは4時半起きで7〜15時まで勤務。18〜19時に帰宅して、21時から深夜1時までゲームの練習などをしていました。1日の睡眠時間は3時間ほど。一方、遅番になると、帰宅が11時くらいになるので、その日は少なくともチームで練習することはできません。

　練習時間が安定的に確保できることは、チーム作りにもプラスでした。以前、チームに誘った相手からは、活動時間が不規則すぎることを理由に断られることもありました。それが、一定のスケジュールでゲームに集中できるようになったことで、前に断られた相手が参加してくれたり、ほかにも強いメンバーが加わったり、試合に勝てる強いチームビルディングができるようになりました。

　昼は父の工場で仕事をして、夜はゲームの練習という二足のわらじ生活でしたが、自分としては苦に感じるどころか、「とにかくゲームで勝ちたい」という気持ちが強かったので、充実感でいっぱいでしたね。

ロールモデルでもある父の存在

　父からは、夜中、ずっとゲームをやっていることに対して、かなり文句を言われましたね。父にしてみると、ただ遊んでいるように見えたのだと思います。あるとき、父から「ゲームなんて、しょせんデータに過ぎない。もっと自分の記憶に残ることをしたほうがいい」と言われたことは、今でもすごく覚えています。当時の僕にしてみると、仕事はちゃんとやっているのだから、自分の好きなことをするのに文句を言われたくない、という気持ちでした（笑）。

　とはいえ、父の「記憶に残ることをする」という言葉は、ゲームにかかわらず、人生を考えるうえでも、自分の心に大きく響いているのだと思います。そんな父も、プロになってからはすごく応援してくれるようになりました。

　僕にとって、父は憧れのロールモデルでもあります。まだ僕が生まれる前のことですが、父は自動車整備士として何かの大会で日本1位になったらしいのです。何かの分野で1位を取るというのは、すごいことですよね。それだけでも、本当に尊敬できると思っています。今の姿からはちょっと想像がつきませんが、若いときはモデルの仕事をしていたことがあるというのもカッコいい。何より、息子を信じて応援してくれる姿には、本当にこの父の子どもでよかったと感謝しています。

引き寄せたプロの道。
さらに強くなるために努力を重ねる

　試合や大会でいい結果を出せるようになったことで、「CREST GAMING」から声がかかり所属するようになりました。このときはまだ収入が伴うプロという形ではありませんでしたが、2021年に国内プロリーグ「Rainbow Six Japan League（RJL）」が発足したのを機に「プロ」として活動することになりました。RJLは全国約150チームから8チームを招待して、国内リーグをスタート。その招待チームのひとつとして僕らのチームが選ばれたのです。

　プロになることで、ゲームに懸ける気持ちはより一層強くなりました。

昼間は父の工場で働いて、寝る時間以外はほぼすべて、1日12時間以上はゲームに費やしていました。

　戦略作りも重要なポイントです。僕らのゲームはチーム制ですから、誰がどういう役割で攻守を組み立てるかが、勝負の分かれ目になっていきます。技術的なことはもちろん、チームのコミュニケーションも大切になってくるのですが、最年長メンバーでリーダーである自分が、中心となるシーンも多くありました。10代のメンバーも多かったので、メンタルケア的な部分も含めて、いかにチームでまとまり、強くなるかということを日頃から考えていましたね。

　ほかにも、ゲームそのもの以外の部分で、体力や脳の働きの活性化なども意識するようにしていました。質のよい睡眠をとったり、基礎体力作りをしたり、素早いキーボード操作のためのフィジカルトレーニングなども、欠かさないようにしていました。

憧れの達成のあとにやってきた燃え尽き症候群

　プロになった当初は、成績が振るわず、入れ替えの対象ラインをウロウロしている有り様でした。リーグのほかのチームは、アジアリーグでプロとして活動していた実績を持つ、キャリアも実力も勝るチームで、かなりボコボコに鍛えられましたね。でも、そのおかげで、2年目くら

いから僕らのスキルも上がってきて、トップ3の常連チームになるくらいに成長することができました。

2023年には、国内の世界大会予選を勝ち抜いて、アメリカ・アトランタで行われた世界大会に出場。日本からは3チームが参加したのですが、その1チームに残ることができました。世界大会の結果は2回戦敗退という悔しいものでしたが、参加できたこと自体が大きな経験となりました。

アメリカ、ヨーロッパ、ブラジルなどの強豪チームを目の前にして戦えるというのは、僕にとってはまさに夢のような時間だったと言えます。彼らに憧れ、彼らに追いつき追い越そうと、いつも研究していた相手と実際に対戦できるのですから。本当にプロになってよかったと実感した瞬間でしたね。

しかし、その一方で、世界大会出場というマイルストーンを達成したことが、また新たな転機になっていきます。実は、僕は世界大会からの帰国後、燃え尽き症候群になってしまったのです。あれだけ強いモチベーションを持っていたゲームへの情熱が失われてしまい、2か月ほどゲームを一切触らない日々を過ごしました。

理由のひとつが、世界をリアルに見たことで、その壁の高さを感じてしまったということがあります。この壁を超えることは自分には難しいと思ってしまったことで、「どうしても勝ちたい」という闘志がなくなっ

てしまったのです。

　もうひとつは、チームの方針との考え方の違いです。僕の考える意向と、チーム方針が異なったためチームから去ることを決めました。ほかのチームから移籍の誘いもあったので、別のチームでプロを続けることもできましたが、「一番いい状態で身を引くのがカッコいい」という自分なりの美学もありました。移籍の誘いをすべて断り、潔くプロの道から外れて自分を見つめ直すことにしたのです。

　チームを去った後、2024年4月からは、eスポーツの広報活動やヒューマンアカデミーのeスポーツカレッジで講師として後輩たちの指導育成をしています。

チャンスは逃さず、好きなことに熱中する

　改めて振り返ってみると、僕の場合、好きなことに熱中してきたことが、自然と自分の「天職」へ続く道になっていった気がします。ただし、節目節目で「チャンスを絶対、逃さない」という気持ちは、強く持っていました。これはゲームでも同じことが言えます。チャンスは向こうからやってくることもありますが、ただ待っているだけでは勝率が低くなってしまうものです。それよりも、自分でチャンスを作って、それを確実に拾っていくほうが「勝ち」につながりやすい。天職探しや人生においても、自分からいかにチャンスの芽を作り、それを確実に拾っていくかが勝負になってくると思います。

　たとえば、僕の場合は、父の工場を手伝うようになったことで、ゲームに集中して取り組める環境や強いチームビルディングが可能になったことが、大きなチャンスでした。それが転機となって、それまで遠い世界だったeスポーツのプロ選手という職業を引き寄せてくれたのです。

　もちろん、チャンスを拾いきれないときもあるでしょう。そういうときこそ、マインドの切り替えが重要です。いつまでも、逃したチャンスを引きずってしまうのではなく、「ドンマイ！」と自分を励まして、次のチャンスに向けて頑張ること。

　それには日頃から自分がやりきったと言えるくらい努力することも欠

かせません。いくらチャンスが来ても、実力がなければそのチャンスは手をすり抜けていってしまうはずです。

　ほかのスポーツと同じでeスポーツでも、とにかく練習を積むことが自分に自信をつける唯一の方法です。僕も12時間以上はゲームをし続けるほど努力をしてきたし、戦略の研究や、強い体や心を作ることを自分に課してきました。とことん努力したからこそ、必ず自分はこの道で成功できる、天職をつかめると思えます。そして、その自信が道を拓いていってくれるものです。

自分の強い意思で選択することで道を切り拓く

　もし、自分にとっての天職がわからないという人は、自分が好きなものをとにかく突き詰めてみてほしいですね。それは何でもいいと思います。好きなものを増やすことを考えるより、自分が本当に好きなものを深掘りしながら、視野を広げていくことが、天職を見つけることにつながっていくのではないでしょうか。

　たとえば音楽とお酒が好きならば、その好きを活かしてジャズバーで働くという選択肢もあると思います。

　そして、最終的にいちばん大事になってくるのは、自分の意思の強さです。僕にとっても、「プロを引退する」というのは大きな決断でしたが、強い意思で決めたという自分なりの納得感があります。もちろん、不安もありますが、また新しいステージが待っているはずだと、前向きに捉えています。そう思えるのも、自分で決めたことだからです。

　今後は、後輩たちの育成をしながら、個人で戦うゲームに挑戦したいと考えています。自分一人の力でどこまでできるのか。イチからのスタートですが、新しいチャレンジにワクワクしています。

●うぃすきー／Human Academy CREST GAMING "CREATOR"部門所属。自身の経歴を活かしFPS形式のゲームにおける講師や、イベント出演を通してeスポーツ業界へ貢献を目指す。2023年までRainbow Six Siege部門「CREST GAMING LST」に所属し、世界大会BLAST R6 Major Atlantaに出場。

第2章

10代で
「なりたい」に
向き合う

若いとき、夢を描くことはとても力強いエネルギーになります。
この章では、10代で自分の「なりたい」を見つけ、
その夢を叶えた人たちが、
どのようにして自分の道を切り拓いたのかを紹介します。
自分を信じ、挑戦し続けることが、どんな結果をもたらすのか、
その可能性を感じてください。

第**2**章 10代で「なりたい」に向き合う

「挑戦する」という
一歩がなければ、
どんな夢も叶わない

声優
小原 好美

三者面談で訪れた転機

　私が初めてお芝居に出会ったのは、小学2年生の学芸会で『スイミー』を演じたときでした。子どもながらに演じることが楽しくて、そこからお芝居に興味を持つようになりました。休み時間や放課後には友達とお芝居ごっこ。自然とお芝居が私の一部になっていった気がします。

　転機が訪れたのは、小学3年生の三者面談のときです。「お芝居をやりたい！」と先生や母親に伝えたところ、「お芝居をするなら声優さんのほうがいいんじゃない？」と言われたのです。どちらかというと目立つタイプの子どもで、声が通るし、声を聞いていて心地よかったことから、そう言われました。

　中学・高校時代にはテレビや映画、舞台に触れる機会が増え、演技に対する興味がさらに深まりました。高校卒業後の進路を考える中で、「本格的に演技の基礎を学びたい」と思い、演技の学校に進学することを決めました。

役者としての挑戦と新たな道

　外部オーディションを経て役者事務所に所属することができました。

　事務所では順調にお仕事をいただき、2～3年は毎日が充実していました。しかし、あるとき「自分が本当にやりたいお芝居とは何だろう」と立ち止まり、自分の目指す道について考えるようになりました。

　そのとき思い出したのが、小学校の三者面談で先生や母から言われた「お芝居をするなら声優さんのほうがいいんじゃない？」という言葉でした。あのときの言葉が、ふと頭の中に浮かび、声優という新しい道に挑戦する決心をしました。23歳という年齢での挑戦は遅いかもしれないという不安はありましたが、「これがラストチャンス」と覚悟を決め、再び学校で基礎から学び直すことにしました。

自分と向き合う時間の大切さ

　声優を目指す中で、私にとって一番大切だったのは「自分と向き合う時間」でした。これまでの自分を振り返り、そもそもなぜ声優になりた

いんだろう、最初に抱いていた目標は何だったのだろう、声優を目指したきっかけは何だったのだろう、自分の周りにはどれだけの事務所があるだろう、今後こういう役と向き合ううえで自分に足りないものは何だろう。自分のことは自分が一番理解しなければなりません。

　在学中から入りたいと思っていた大沢事務所の面接はとても緊張しましたね。「憧れている人はいますか？」という質問もありました。大沢事務所には素敵な声優さんがたくさんいらっしゃるのは知っていましたが、私はその方々になれるわけじゃありません。この仕事をしていくなかで、自分というものを見つけていきたいという率直な想いを伝えました。また、実技審査ではナレーションと、指定されたセリフや役を覚えて、その場でお芝居をしました。最終面接では自分よりも年齢の低い候補者が多く、すごくプレッシャーを感じていましたね。落ち込みながら電車で帰っているとき、学校のスタッフの方からの電話で「大沢事務所に決まったよ」と言われたときは思わず泣き崩れてしまいました。

▍役者としての経験が
▍オーディションを突破するカギとなった

　事務所に所属したあとも、最初はなかなかオーディションに合格できず、何度も心が折れそうになりました。それでも、『月がきれい』（水野

茜役）との出会いをきっかけに道が拓けました。このオーディションでは、「声優としての演技力は重要視しない」「ヒロインとして役を生きて、セリフではなく会話をしてほしい」と書かれていたため、これまでの役者としての経験を活かすことができました。その後の『魔法陣グルグル』（ククリ役）では、声優としての演技力を求められ、新たな壁を乗り越えることができました。

　声優の仕事の魅力は、いろいろな人生を演じられることです。自分の人生はひとつしかありませんが、作品を通じてさまざまな役柄を体験し、たくさんの人に出会うことができます。また、スタッフや原作者の方々から「お願いしてよかった」と言っていただける瞬間には、この仕事を選んでよかったと思います。

与えられた時間をどう生きるか

　声優に挑戦する前は、先が見えずに不安で怖かったです。時間は全員に平等に与えられていますが、本当にあっという間に過ぎてしまうものです。そういう意味では、少しでも「なりたい」と思うものがあれば、挑戦すべきだと思います。声優として活躍できるのはほんのひと握りで、必ず夢が叶うと約束することはできませんが、「挑戦する」という一歩がなければ、どんな夢も叶いません。

　私は、周りの方々からすると、「順調にデビューした」と思われるかもしれませんが、事務所に所属してからも、何度も挫折を経験し、正直、声優という仕事が本当に向いているかどうかはわかりません。だから、「声優になれなかったら終わり」というようなことは考えずに、自分の心の扉を開けて、まずは行動するということが大事だと思います。

●こはら・このみ／声優。大沢事務所所属。高校卒業後に演技専門の学校で演技を学ぶ。その後、声優の道を目指し再び学び直し、大沢事務所への所属を経てプロデビュー。代表作に『月がきれい』（水野茜役）、『魔法陣グルグル』（ククリ役）など。豊かな表現力で多くのファンを魅了している。

第2章　10代で「なりたい」に向き合う

迷ったらワクワクするほうへ
選んだ道を正解にするのは、
自分次第

声優
大和田 仁美

「本当は挑戦してみたい」という自分に出会う

　今はアニメの声優だけでなく、ゲーム、洋画の吹き替え、テレビのナレーション、ラジオのパーソナリティなど、幅広く仕事をさせていただいています。基本的に来た仕事に対応することが多いので、求められる役に応じて、その都度、目の前の仕事に全力投球しています。『ウマ娘 プリティーダービー』（スマートファルコン役）は、長く続いている仕事のひとつで、ライブや歌手イベントに参加することも。『ウマ娘』がきっかけで私のことを知ってくださった方も多いです。

　子どもの頃からアニメやゲームが好きで、自然と役を演じる声優さんに興味を持つようになりました。ですが、そのときは声優という仕事を意識しただけで、あくまでアニメ・ゲームは趣味として楽しむもの。それよりも、中学・高校と続けてきた音楽の道に進むために、日本大学芸術学部音楽学科に入学しました。

　大学卒業後も音楽関係の道に進もうとしていましたが、就職活動のタイミングで東日本大震災が発生して、企業の選考がストップ。そこで、これまでの自分を見つめ直すようになりました。それまで音楽しかやってこなかった私は、ほかのことなんかできないと決めつけていたのです

が、演劇学科・演技コースで学ぶ学生と触れ合うなかで、「芝居なんて自分には無理と思っていたけど、決めつけなくていい。むしろ挑戦してみたい」と思う自分に出会ったのです。そこで、子どもの頃にアニメやゲームに影響を受けたことを思い出して、声を使って演技する声優の道に進もうと決心しました。

　両親からは「自分のやりたいことをやりなさい」と背中を押してもらいました。ただ、急に今までやってきたことをやめて、就職もしないというのはあまりにも……と思って、いったんは就職することに。働きながら学べる声優専門の学校に通い始めました。

「ゼロになって演じる」という教え

　ボイストレーニングやアフレコの授業、ナレーションの授業もあった

ので、声優として演じるための基礎を学ぶことができました。また、普段声優はどのようなトレーニングをしているのかなど、声優になったあとの心構えまで指導してくださるのが心強かったです。授業では少しでもうまく見せようとする私に対して、先生は「ゼロになれ」と厳しく指導してくださいました。今になって考えると、「こうしなければならない」という余計な感情があると、芝居が縮こまりますし、何より芝居がつまらないものになってしまうからだと思います。準備してきたものを一度捨てて、ゼロになって演じたときにこそ、思ってもみない音や芝居が出てくるもの。先生から言われた言葉は、声優になった今も大切にしています。

　青二プロダクションの所属が決まったのは、在学中のこと。事務所のオーディションが開催されることは知っていたのですが、ちょうどそのときに仕事が立て込んでいたのもあって、オーディション参加をあきらめていました。エントリーシートの提出期限が迫る中、私がエントリーしていないことに気づいた先生が「今日中なら間に合う」と声をかけてくださり、それでスイッチが入りましたね。急いでボイスサンプルを録りにいってエントリーシートを提出しました。先生のひと言がなかったらと考えると、青二プロダクションに所属できなかったかもしれません。先生には感謝しています。

　ただ、事務所に所属したからといって、必ずしも仕事があるわけでは

ないですし、所属してからが本当の意味でのスタート。特に声優という仕事はひとりではできないので、どうしても「待ち（受け）」になってしまう部分はあると思います。オーディションに受かる確率は本当に低く、枠も決まっているので、そういう意味ではとても競争が激しい世界。自分で仕事を生み出すことが難しいので、メンタル的に"もどかしさ"がつきものです。でも、そこで負けずに気持ちを保ち続ける人が残っていくのだと感じました。

迷ったらわからないほうへ進む

声優として役を演じることができるようになり、ほかの声優さんとの掛け合いの中で、思ってもみなかった声や芝居が出せた瞬間はすごくやりがいを感じます。また、制作の皆さんとともに、ひとつの作品を作り上げられるのもやりがいですね。アニメにしてもゲームにしても、ストーリーがあって、キャラクターがあって、皆さんが一生懸命作り上げてきた作品に対して、最後に声を当てるのが私たち声優の役割。あくまでアニメの主役は絵で、本当にたくさんの方の努力や想いが詰まっています。関わる人がたくさんいる中で、ひとつのピースとして関わり、いい芝居ができたときは私も仲間の一員になれたと実感します。

声優を目指す方の中には、「この道に進んでいいのかな」「どの学校に行こうかな」と悩んでいる人も多いと思います。私が何かを選択するときに大事にしているのは、わからないほうに進むということ。想像できるほうへ行くと、やっぱり新鮮味もないですし、刺激も少ないので、だんだん楽しくなくなってしまうんですよね。選んだ道が不正解のように見えたとしても、自分次第で正解に変えることもできるはずです。もちろん、私自身も怖くなったり、迷ったりするときもありますが、どうなるかわからないほうへ飛び込むことを意識しています。

●おおわだ・ひとみ／青二プロダクション所属。神奈川県出身。出演作品は、アニメ『はねバド！』（羽咲綾乃役）、アニメ『アリスと蔵六』（樫村紗名役）、ゲーム『Fate/Grand Order』（アビゲイル・ウィリアムズ役）など。

第**2**章　10代で「なりたい」に向き合う

長いようで短い学生時代「自分から」の行動が今につながる

株式会社セガ
ゲームプログラマー **羽鳥 歩**

ゲームプログラマーとしての新たな一歩

　私は現在、株式会社セガでゲームプログラマーとして働いています。2024年4月に入社し、半年間の新入社員研修を経て、「ソニック」シリーズの開発に携わることになりました。このシリーズは日本だけでなく世界中で愛されているゲームタイトル。タイトルにアサインされたばかりで、まだ本格的に業務に携わっているわけではないのですが、主にゲームのUI（ユーザーインターフェース）、シーケンス、デバッグを担当することになると思います。

　ゲームの仕事に就くまでの道のりは平坦ではありませんでした。子どもの頃からゲームは好きだったものの、高校卒業後にバス会社に就職した私は、ゲーム業界とは無縁の生活を送っていました。ところが、社会人3年目のある日、趣味で見ていたゲーム配信動画で、視聴者が制作したゲームで遊ぶという企画を目にしたのです。それを見た瞬間、「ゲームって1人でつくれるのか！」と衝撃を受けました。

　「ゲーム」というと、大企業がつくるもの、人数をかけてつくるものというイメージがあったのですが、個人でつくれるなら私もやってみたいと思ったのです。そして、翌日にはゲームプログラミングを学べる学校

を探し始めました。

プログラミング未経験からの挑戦

　進学先として選んだのは、埼玉県大宮市にある、ゲーム制作を学べる学校でした。地元の栃木県から通いやすいことや、2年間という短期間で集中して学べることが決め手になりました。「やるしかない」という覚悟で、バス会社を退職してプログラミング未経験からの挑戦をスタートさせました。

　入学した時点では、プログラミングについての知識はゼロ。ですが、「挑戦したい」「新しい道に進みたい」という気持ちが強かったので、不安はあまりありませんでした。それよりも、まったくの初心者からどこまで成長できるかを試したいという期待感が大きかったですね。

2年間で積み上げたもの

　短期集中で学びたいとは思ってはいましたが、2年間は長いようで短いもの。そこで、授業中はもちろんですが、授業外でも先生に積極的に質問をしていました。ただし、先生に質問しているだけだと、自分で調べる能力が失われるのも事実。わからないことは自分で調べること。それでもわからないときに先生に質問する。そうすることで知識は広がると思います。また、はじめは先生が打ったコードを見て学ぶことが多くなりますが、先読みして自分でプログラムを組んだり、試行錯誤をしたりしていると、ゲームプログラミングの楽しさに気づけると考えています。

　カリキュラムで特に印象に残っているのは、「GLOBAL GAME JAM®」に参加したことです。このイベントでは、プロのゲームプログラマーやデザイナー、プランナーとチームを組み、短期間でゲームを制作しました。私は、チームでのコミュニケーションや役割分担の重要性を実感し、プロの現場に近い環境で自分のスキルを磨くことができました。

就職活動と作品づくりのこだわり

就職活動において重要だったのは、作品づくりでした。プログラマーである以上は、やはり知識やスキルが問われます。作品はそれらを証明する成果物として欠かせないため、時間をかけて準備しました。作品づくりにどれだけ時間をかけたかによって、面接でのアピールポイントも違ってきます。そこが第一歩だと思います。

実は、セガの最初の選考では不採用になりました。しかし、あきらめずに面接での伝え方を鍛え、アピールポイントを強化できるよう、作品についても手を入れたのです。たとえば、デバッグ作業をいかに効率化するかという点にこだわりました。その結果、一般選考で内定を得ることができたのです。

挑戦を恐れず未来を切り拓く

「ゲームが好き」「ゲームに関わる仕事がしたい」という方も多いと思います。そういう方に伝えたいのは、やる気とモチベーションさえあれば、ゲームプログラマーは目指せるということ。私はゲーム制作の学校に入学するまで、まったくプログラミングがわからない状態でした。そこから1年で作品をつくり、セガに入社できるくらいまでプログラミングを身につけることができました。

与えられた時間を活かして、積極的に行動してほしいです。また、プログラミングを楽しめることも大切なポイント。先生が書いたコードをコピーしているだけでは、その楽しさに気づけません。試行錯誤を通じて、プログラミングの楽しさを見つけていただきたいです。

●はとり・あゆむ／セガ所属のゲームプログラマー。栃木県出身。高校卒業後、社会人を経験したのち、ゲーム制作の学校に進学。未経験からゲームプログラミングを学び、在学中にはチーム制作やイベント参加を通じて実践的なスキルを身につける。現在は、「ソニック」シリーズの開発に携わる傍ら、ゲーム業界でのさらなる成長を目指している。

第2章　10代で「なりたい」に向き合う

挫折を越えてつかんだ
プログラミングの世界

株式会社サイバーエージェント
Androidエンジニア **原田 伶央**

浪人生活を経て、エンジニアを志す

　私は現在エンジニアとして働いています。でも、子どもの頃からプログラミングをしていたわけではなく、学び始めたのはIT専門の学校に入学してから。プログラミングを学ぶきっかけになったのは、有名私立大学進学を目指して浪人をした経験です。2浪したのですが合格することができず、そこで以前から興味のあったプログラミングの世界へ飛び込むことを決意しました。

　プログラミングの知識がまったくなかった私は、実践的な経験を積める環境を重視して学校を探していました。私の選んだ学校は、チームでシステムやアプリを開発する実習が豊富で、資格試験のための座学も充実していました。長期インターンシップへの参加を通してリアルな現場を知りながら実務経験を積むことも可能で、自分次第で何にでもチャレンジできる。そんな環境で学ぶことで、大きく成長できるのではないかと考えたのです。

　入学後は、受験勉強以上の熱量で学び続けました。どんなに小さくてもいいから「成果を残して幸先のいいスタートを切りたい」。そう思い、真っ先に取り組んだのが資格取得のための勉強です。資格取得という目標があると、そこに向かって確実に前進できているという安心感がありました。

　また、勉強する過程で、技術や用語を人に説明できるまで理解を深めることの大切さに気がつくことができたんです。とはいえ、資格試験で問われるものと現場で求められるものは違いますし、エンジニアの仕事は手を動かしてものを作ること。資格取得後に、それをどのように活かしていくかを見据えて、取り組んでいました。

インターンシップで学んだこと

　在学中は、1年生の3月までに学んだ内容を活かしてオリジナルのアプリを制作する、作ったアプリを活かして、インターンシップに参加する会社を探して応募する、2年生の9月にインターンシップでの実務経験を活かして面接を受けるというプランを立てました。
　しかし、インターンシップに参加しようと、10社ほど申し込んだの

ですが、すべて落ちてしまいました。そのときに、エンジニアとしての経験が自分には足りないと気づき、実績を作るために３つのアプリを自作することにしました。３つ目に作ったアプリが、インターンシップ先企業からの評判が特によく、自分の武器にすることができました。

　最終的には、BtoCサービスを提供するインターネット企業で８か月間インターンシップを行いました。インターンシップでは、仕事としてプログラミングをすることの責任の規模の大きさとともに、ひとつのプロダクトを作るのに多くの人が関わっていることを実感しました。規模が大きいサービスだからこそ、責任も伴うことを肌で感じました。現場で活躍するエンジニアの仕事ぶりを見て学べたことで、インターンシップ後も意識しながら学習することができました。

　現在は、Ameba LIFE事業本部に在籍し、Androidエンジニアとして「Ameba」のAndroidアプリ開発に携わっています。

　私のミッションは、ユーザーによりよい体験を届けること。ブログ上の新機能開発やメンテナンスを通して、ブログの読者増加を図りつつ、ブログで紹介された商品の購買意欲を高めることを目指しています。

　「Ameba」は歴史も知名度もあり、たくさんの人が利用するサービスです。不具合が起きたときの影響力はほかのプロダクトに比べると大き

いですし、「Ameba」の規模が大きくなるのに伴い、システム自体も複雑になり、実装することの難しさを感じることもあります。しかし、ユーザーの反応をダイレクトに実感しながら、自分の知識や技術が向上していく楽しさを日々感じています。

今できることに全力で取り組む

　私は今でこそエンジニアとして働いていますが、高校時代はプログラミングの授業についていくのがやっとで、タッチタイピングもできない状態でした。それでも、タッチタイピングをできるようにしよう、資格試験に挑戦しよう、と小さな目標を立てては達成し、少しずつ成長してきました。どんなに小さな目標だとしても、その過程で得られる学びや気づきは多いです。それに積み重ねた経験は、就職活動や仕事において必ず役に立ちます。

　私の場合は、資格試験に挑戦する過程で、技術や用語を人に説明できる状態にすることの大切さに気づき、その習慣がそのまま現在のアプリ開発にも活かされています。今の自分にできることに全力で取り組むことが大切です。

　今後は、まずAndroidエンジニアとして、社内外どちらからも評価されるエンジニアになることを目標にしています。社内で評価されることも大切ですが、仕事で得た知見を講演活動やブログを通して外に向けて発信し、社内の仕事と社外での活動をうまくつなげられたら、普段の仕事も楽しくなるのではないでしょうか。そういった環境を自分で作り、現状にとらわれずに活躍の場を拡げていきたいです。

●はらだ・れお／高校卒業後、IT専門の学校に入学。現在は株式会社サイバーエージェントに勤務。Ameba LIFE事業本部に在籍し、エンジニアとして「Ameba」のAndroidアプリ開発を担当している。

| 第2章 | 10代で「なりたい」に向き合う |

偶然の出会いを
チャンスに変える力

福岡ソフトバンクホークス
アスレティックトレーナー 有馬 大智

偶然の出会いに導かれたスポーツトレーナーの道

　現在、福岡ソフトバンクホークスでリハビリ担当として、怪我などで長期離脱した選手の復帰プランを立てています。この仕事に就いたのは、幼少期からの好きなことがきっかけでした。

　私は小さい頃から自然が大好きで、特に釣りに没頭していました。高校2年生のとき、釣り・フィッシングの学校の存在を知り、入学前授業に参加したところ、隣の教室でソフトバンクホークスのトレーナー鈴木清さんのセミナーが開催されていたんです。

　面白そうだったので参加したら、夢のある話だけではなく、現実的な話を聞き、スポーツトレーナーという仕事に魅力を感じました。鈴木さんから「留学できる環境があるなら、アメリカでスポーツ医学を勉強するといいよ」とアドバイスをいただき、そこでスポーツカレッジへの入学と将来的なアメリカ留学を決心します。

　授業では機能解剖学や運動生理学といった基礎科目をしっかり学ぶことができました。またインターンシップや実習も豊富で、ホークスの宮崎キャンプに帯同してのトレーナー実習、アメリカンフットボールチームのトレーナー実習、サッカーの試合のチケットもぎりなど、スポーツ業界に関わる豊富なインターンシップや実習を通して、さまざまな経験を積むことができました。

　学校では、講師が第一線で仕事をしているプロであり、生の経験をもとに教えてくださいます。そのため、授業を受けて何が身につくのか、卒業後にどう生きるのか、どのようなステップでプロになれるのかなどのイメージがしやすい。生徒が「やらされている」のではなく、自ら興味を持った分野を積極的に学ぶことができる環境が整っていました。

夢を目指すきっかけをくれた人と働く

　卒業後は学校の機関を通じて、アメリカに留学しました。語学学校を経て、マーセッドカレッジという短期大学で2年間、その後、トレーニングプログラムのある4年制大学のネバダ州立大学ラスベガス校に編入しました。大学卒業後には野球選手が来院する理学療法士のクリニックに所属して、半年間ほどインターンとして経験を積みました。インター

ン後は、学校の先輩方の話を参考に履歴書を全球団に送り、施設を見せてもらったりして就職活動をしました。学生で経歴もない自分にできることは行動しかないと思い、やれることは何でもしましたね。

　採用通知を2か月ほど待ちましたが、人事がほぼ決まっていた時期ということもあり、なかなか決まらず、日本に帰ろうかと考えたときにニューヨーク・メッツから電話があり、入団することができたんです。

　日本に帰国後は、アメリカで長年お世話になったトレーナーさんが数年前にソフトバンクホークスに入団していたため、その方の紹介を受けて、私もソフトバンクホークスに入団することができました。

　熊本出身なので九州の球団は思い入れがあり、学生時代にお世話になった方もいらっしゃったので、新しいチャレンジをするのにやりがいのある球団だと思いました。トレーナーを目指すきっかけをいただいた鈴木さんには入団が決まった日に連絡しました。今一緒に仕事ができて本当に光栄ですし、まさに運命だったと思います。

選手からの「ありがとう」の言葉

　ホークスで仕事を始めて半年ぐらいなんですが、今一軍で投げてるベネズエラ出身の投手（ヘルナンデス）が肉離れで短期間のリハビリに来

て、気持ち的にも落ちてる時期でしたのでスペイン語がわかる自分が
しっかりコミュニケーションをとって、選手の要望も聞きつつ柔軟にリ
ハビリを行ったところ結構早いスピードで復帰することができました。

　今活躍してくれているので個人的にも嬉しいことですし、彼からもあ
りがとうという言葉をいただきました。

　また、動けなかった選手が競技復帰して全力でプレーする姿を見たと
き、本当にこの仕事をやっていてよかったと実感します。リハビリ期間
中は選手と向き合う時間が長く、選手が自分の課題を見つけて行動し、
変化が生まれたときは、彼らの成長が実感でき、大きなやりがいを感じ
ますね。

　今後の目標は、ホークスが掲げる目標に貢献すること。トレーナーと
して選手に一軍で活躍してもらうために、日々のコミュニケーションな
ど小さなことから積み上げていきたいです。

次のチャンスに向かって、まずはやってみる

　夢ややりたいことを実現するためには、好きなことや興味があること
をまずやってみること、続けることが大事だと思います。

　勉強してみると深くまで理解することができますし、関連する仕事も
見えてきます。興味のある分野の入口に立って、情報収集をして、面白
そうだなと思うことを少しずつ積み上げた先に仕事がある。堅苦しく考
えなくても、好きなことをやってみると、そのチャレンジがまた次につ
ながる、そんなイメージを持ってください。そして、どんな仕事にも共
通する大切なことは、コミュニケーションです。人と人とのつながりを
大切にすること、感謝を伝えること、これらを仕事をしていくうえで大
切にしていきましょう。

●ありま・だいち／スポーツトレーナーの専門校で学んだあと、アメリカへ留学し、
マーセッドカレッジとネバダ州立大学ラスベガス校へ留学。卒業後は、ニューヨーク
メッツのトレーナーとして経験を積む。その後、日本に帰国し、福岡ソフトバンクホー
クスに入団。現在はアスレティックトレーナー・リハビリ担当として、怪我で長期離
脱した選手の復帰プランを立案し、選手たちを支えている。

第3章

大人になって「なりたい」を見つめ直す

社会人になり、忙しい日々に流されながらも、
ふと立ち止まり自分の進むべき方向に気づくことがあります。
この章では、大人になってから「なりたい自分」を再発見し、
新しい挑戦を始めた人々の物語をお届けします。彼らの歩みを通して、
あなた自身が踏み出す一歩を見つける手助けになることでしょう。

第3章　大人になって「なりたい」を見つめ直す

やりたいこと探しの答えは
すでに自分の中にある

キャリアコンサルタント／日本語教師
後藤 美恵

自分と同じように就職で後悔する学生を減らしたい

　大学生の頃は特にやりたい仕事もなく、経済学部という理由で金融系を中心に就職活動をして、たまたま内定をもらった証券会社に入社しました。営業職として1年目は個人と法人の新規開拓、2年目は既存のお客様に電話でアポイントをとって金融商品の販売や資産運用の提案をしていました。

　当時の証券会社は飛び込み営業があり、1日に名刺30枚、テレアポ200件などのノルマも課されていて、仕事だからきついのは仕方がないとあきらめていたものの、いつも頭の片隅では辞めたいと思っていました。3年目に職場の同僚と結婚して別の証券会社に転職し、2年間店頭営業をしたあと、出産を機に退職。その後は2人目の子どもに恵まれ、10年間ほど専業主婦をしていました。

　主婦業はとても忙しく、家事や育児に追われる毎日でしたが、下の子の小学校入学で時間に余裕ができたため、保険会社で支店長秘書として働くことにしました。しかし、実際に働き始めると、誰かの業務を受身的にサポートする仕事だったので、違和感を抱くように。やがて、コロナが蔓延し、全社的に出勤停止になったことをきっかけに新しい仕事を探し始めました。

　そのときに見つけたのがキャリアコンサルタントの資格です。「これ

第3章 大人になって「なりたい」を見つめ直す

だ！」と思った私は資格取得のスクールに電話をすると、開講直前だと知って、資料もろくに見ず、夫にも相談せずにすぐ手続きを済ませました。心の底から「やってみたい」と感じたのです。

　私がキャリアコンサルタントに興味を持った理由は2つあります。1つ目は、私自身が大学時代に誰かに相談して、自分の強みを活かせる職業に就けばよかったと後悔していたこと。2つ目は秘書をしていたときに支店長から「聞き上手だね」とほめられたことがあって、自分でも意識していなかった強みを活かして学生の就職活動の手助けをしたいと思ったことです。

　スクールの授業はコロナ禍ということもあり、ほとんどがオンラインでした。座学では傾聴力や心理学、プライバシーに関する法律など、実技ではプレゼン手法などを学びました。先生が熱心に指導してくれたおかげで国家試験は一発合格。念願が叶ってとても嬉しかったですね。

本人も気づいていないような本当の想いを引き出す

　現在は芝浦工業大学の就職支援課でキャリアコンサルタントとして、学生の就職相談対応、面接指導などをしています。

　ある学生から「電車に関わる仕事に就きたいけど、どんな仕事がいいかわからない」と相談されたことがあります。そこで、「いつ頃から電車が好きだったのか」「電車のどこに惹かれたのか」などと質問していくと、「電車が時刻通りに運行するのが好き」「プラレールの走る時間を測って遊んでいた」と答えてくれました。彼はこのやりとりを通じて自分のやりたいことに気づき、当初考えていた電車の運転手ではなく、電車の運行システムをつくる仕事へ志望職種を変えました。

　キャリアコンサルタントの役割はどんな職業がいいのかを具体的にアドバイスすることではありません。学生たちの話に丁寧に耳を傾け、本人も気づいていない想いや言葉を引き出すことです。

　自分が学生時代に出会いたかった人に自分がなれている──。心からそう感じる瞬間が一番のやりがいにつながっています。私と同じように就職で後悔する学生を減らし、"やりたい"を見つけられる学生を増やしていくことが私の使命です。

　キャリアコンサルタントの資格取得後、学ぶことの楽しさを覚えた私は日本語教師の資格も取りました。プライベートで英語を習っていた外国人教師から日本語を教えてほしいと頼まれたのですが、うまく教えることができず、日本人なのに日本語を教えられないことにショックを受けたことがきっかけです。

　今では日本語学校で教壇に立ち、外国人向けに日本語を

教えています。キャリアコンサルタントとの二足のわらじにはなりますが、どちらも私のやりたいことであり、信念を持って取り組んでいます。

学び続けることで人生の選択肢は広がっていく

　私は大人になってから学ぶことの楽しさを知りました。新しい知識を得ることで視野が広がり、努力をすれば人生の選択肢を増やせることがわかりました。

　自分に自信が持てるようになったことで、子どもへの接し方も変わりました。それまではレールに乗せてあげることが親の役目だと考えていましたが、やりたいことに全力で取り組み、自信を持って自分らしい人生を歩める子になればいいなと思えるようになったのです。自らを追い詰めてしまうストイックな性格にも余裕が生まれ、少しのことで自分や他人にイライラせず、許せるようになりました。

　これまでの人生を振り返ると、成長を実感できている今が一番幸せです。「過去に戻れるならいつに戻りたい？」と問われたとしても、戻りたくありません。

　自分のやりたいことは、すでに自分の中にあります。答えをわざわざ見つけにいく必要はありません。私の場合、本当にやりたいことを見つけるのに長い期間を費やしてしまいましたが、何かを始めるのに遅すぎることはないはずです。長い人生で迷ったり、世の中が変化したりしても、学び直せばきっと道は拓けるはずです。

●**ごとう・みえ**／大学卒業後の2006年に大手証券会社に入社。名古屋支店で営業職として勤務。2008年に別の証券会社に転職し、名古屋支店で店頭営業をしたあと、出産を機に退職、専業主婦になる。10年間の専業主婦を経て2019年から2020年まで生命保険会社にて支社長秘書。その間、自身のやりたいことを見つめ直し、キャリアコンサルタントになることを決意、国家資格を取得する。2021年からキャリアコンサルタントとして芝浦工業大学で学生の就職相談に従事。2022年からは日本語学校の日本語教師として教壇に立ち、インドやミャンマーの学生に日本企業で就職するための面接指導をするなど、キャリアコンサルタントの資格を活かして活躍している。二児の母。

第3章　大人になって「なりたい」を見つめ直す

1,000時間を超える学びで フリーランスとしての 自信をつかむ

フリーランスWebクリエイター／コーダー
藤澤 亘

飲食業からネット業界への転身を決意

　現在はコーディングの仕事をしていますが、それまでは飲食業に従事していました。しかし、飲食業では職業柄、どうしても時間が不規則で、夜遅くまで働かなくてはならないときもあり、子どもとの時間を確保するのが難しい状況でした。土日も休みがなく、給料面や将来のキャリアにも不安を感じていました。そんな中、フリーランスとして時間に縛られずに働き、自分らしく生きている人の姿をSNSで見かけたのです。「私も家族との時間を増やしたい、在宅ワークでフリーランスとして働きたい」。料理は好きだけれど、違う生き方に挑戦してみたくなったんです。

　フリーランスとして挑戦してみたいという気持ちが強くなった、もうひとつの背景として、妻の存在があります。それまでパン屋さんで働いていた妻が、保険会社の営業へと転職を成功させていたのです。妻は約1年で所長になり、楽しそうに働く姿を見て、「自分も何かやりたい」という気持ちが湧いてきました。新しいことに挑戦してもいいかと尋ねると、妻は快く了承してくれました。理解を示してくれた妻には本当に感謝しています。

第3章 大人になって「なりたい」を見つめ直す

将来の選択肢を広げるためのコース選び

　小さい頃からIT関係か料理の仕事をしたいと考えており、料理の道に進みましたが、IT関係の仕事に対する思いはずっと持っていました。動画編集に特化したコースを選択しようと、Webや動画制作のスクールに相談に行くと「動画編集に専念すると仕事の幅が限られてしまう。動画編集を含めたWeb全体を理解することが重要」と助言されました。

　Web動画クリエイター総合コースに通うことを決め、デザイン、動画編集やコーディングの勉強をしました。やったことが形になって見えるデザインと動画編集の勉強はとても楽しかったのですが、コーディングの授業では、専門的な内容が多く、最初は理解が追いつかずに戸惑うことが多々ありました。そんな中でもスクールスタッフの吉田さんが、

受付でいつも親しく声をかけてくださったことが、支えでしたね。

オンラインコミュニティで学びを加速

　学校のカリキュラムを修了したあと、名刺やチラシといったデザインの仕事に取り組んでいました。しかし、私のスキルや作業時間に対して、収入が十分でないと感じるようになりました。コーディングであれば、すでにあるデザインを再現していく作業が多く、コツコツと進めるのが得意な私に向いているのではないかと感じたのです。このように考え、デザインからコーディングの仕事へとシフトしていくことを決意しました。

　けれど、いざコードを書こうと思ったら、もっと学習したほうがいいと気がつきました。そこで、オンラインでプログラミング言語を学べるサービスなどを利用してさらに学ぶことを決意。受講者仲間とオンラインで話せるコミュニティがあり、フリーランスで働く人の勉強法や生き方についても、コミュニティを通じて教えてもらいました。

　別のコーディングスキル支援サービスにも入会し、現役コーダーから添削指導を受けていました。厳しい指導でしたが、おかげでコードを書けるようになりました。すると、苦手だったコーディングが楽しくなったんです。学べば学ぶほど自分の技術が上がり、自信がつきました。

　オンライン学習修了後の2023年11月にフリーランスとして独立しました。数か月の準備期間を経たあと、全国のホームペー

ジ制作会社に向けて営業を開始。多いときには月1,000件ほどメール営業していましたが、ほとんど反応が返ってくることはありませんでした。

それでも、人生を変えるために必死に送り続けました。1か月経った頃、ホームページを運営されている方から既存サイトの多言語化案件をいただき、それが初めての仕事になりました。

最初にご依頼いただいた方を含めて、現在は4社から継続してお仕事をいただいています。最近はコーディング作業のスピード化や、今後考えているECサイトのための勉強をしており、仲間と朝活に取り組み、刺激をもらっています。

たとえば、納期が1日しかなくて寝ずに仕上げるような、人から見れば大変そうに見えることでも、私はあまり苦労だとは感じません。お客様から感謝の言葉をいただけたり、大変なことが未来の自分につながったりする。そう思えば苦にならないんです。自分でものごとを進めるのが好きな私には、フリーランスという生き方が向いていると感じています。

1,000時間を超える学びで成長を実感

何事も学び続けることが大切です。私はオンライン学習を始めた頃から、毎日の学習時間を記録しています。学び始めてから1,000時間以上コーディングに取り組んだ結果、自分でもしっかりと技術が身についてきたという実感があります。

学び続けることで、自分の未来の選択肢が広がる。未知の分野に挑戦することで、自分の可能性を再発見でき、その先には想像を超えた未来が待っています。どうすれば目標に近づけるかを考え、それに適した環境に身を置く。厳しい環境に飛び込むには勇気がいるし、逃げ出したくなることもある。場合によってはお金もかかりますが、一番よい環境に身を置くことが、成長への一番の近道になります。

●ふじさわ・わたる／飲食業、結婚式場勤務を経て、2021年に資格取得の学校にてWeb動画クリエイター総合コースに入学。現在は岡山県でフリーランスのコーダーとして活動し、ホームページ制作会社の案件などを手掛けている。

第3章　大人になって「なりたい」を見つめ直す

学びと挑戦を続けることで
ネイリストとしての
夢を現実に

ネイルサロン「CRESCEMT.」「vrai」
ネイリスト **Yu-ka**

子どもの頃から好きだったネイルの道に進むために

　私は現在、恵比寿の「CRESCEMT.」、名古屋の「vrai」という2店舗のネイルサロンを経営し、ネイリストとして活動しています。

　幼い頃から私は、ネイルに興味がありました。当時、私と会えばいつでもマニキュアを塗ってくれる5歳年上の女の子がいました。彼女の手にかかると、自分の指先が美しく輝き出す。そのことに喜びを感じて、私はたびたび彼女のところに遊びに行くようになりました。そうして何度もネイルを施してもらううちに自分でもやってみたくなり、見よう見まねでスカルプネイルをしてみたり、テレビのリモコンを3Dでデコレーションしてみたりもしていました。

　そんな体験が心に残っていたこともあり、高校生になって進路を考え始めたときには自然と、ネイリストになることを意識していました。そして、ネイルの技術を学ぶべく美容学校に進学。しかし、カリキュラムの大半が美容師を目指す人に向けたものだったため、ネイルの授業は月に1〜2回しかありませんでした。

　ネイリストとして働くためにはネイリスト技能検定に合格する必要があるものの、このまま美容学校で学び続けるだけでは難しい。そのこと

に気がついてからは、美容学校と並行して週1回のネイルスクールにも通い始めました。忙しい日々を送ることになりましたが、ずっと大好きだったネイルを本格的に学べるようになったのは嬉しいことでした。

卒業後も学びと挑戦を続けてネイリストとして成長する

　美容学校とネイルスクールを卒業したあとは、ネイルスクールで師事した先生が所属している名古屋のネイルサロンに勤務することになりました。当時の私はまだ検定に合格していなかったので、アルバイトとしてサロンで働きながら先生のもとで教えを受け、合格を目指しました。

　検定で問われるのは、ネイルの施術をするうえで必須となる基礎的な知識や技術です。道具の使い方や置き方、施術の時間配分などの細やかな点をクリアする必要があるのですが、これが思いのほか難しくて一筋

縄ではいきません。先生にアドバイスをいただきながら練習を繰り返し、２年ほどの時間をかけて検定３〜１級に合格することができました。

　合格までの道のりは、決して楽ではありませんでした。しかし、この時期に培ったネイリストとしての基礎は、どんなときにも私を力強く支えてくれるのを感じています。私が今、自分ならではのネイルのスタイルを生み出してお客様に喜んでいただけるのは、しっかりとした基礎があるからこそ。先生の教えがあったからこそだと思うのです。

　先生のもとで働き始めて４年が経った頃、転機が訪れました。恵比寿などで展開する人気ネイリストのサロンで働けることになったのです。インスタグラムで知った彼女のネイルはとても個性的で、私はすぐに心をつかまれました。彼女が得意とするのは、天然石などの模様を再現した繊細で奥行きがあるネイル。これは、フレンチネイルなどオーソドックスなネイルを主に手掛けてきた私にとっては衝撃的で、ぜひこの人のもとで学んでみたいと思ったのです。

　上京した私は、恵比寿のサロンで働きながら技術を磨きました。営業が始まる午前中から、ときには日付が変わるまで仕事と練習に取り組む日々。そんな中で少しずつ、自分らしさが光るデザインを模索し、追求していきました。すると半年が経つ頃には、私のネイルを好きになってくれる人が現われました。それからは次第に、私を指名してくださるお客様が増えていったのです。

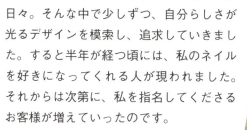

思い描いた夢を口にしながら挑戦すれば、きっと叶うときがやってくる

　その後は独立し、恵比寿で「CRESCEMT.」、そして名古屋では夫が営むヘアサロンの一室で「vrai」をオープン。現在は、この2つのサロンを行き来しながら仕事をしています。自分のサロンを持つことは、ネイリストになった頃から抱き続けていた夢でした。しかし、そのためには大きな勇気が必要で、思うように前進できない時期もありました。

　そんなとき、私が意識して実行していたのが「夢を口にすること」。自分のサロンをつくりたいという夢を、周囲の人たちに話すことでした。

　自分の口から出た言葉は、周囲の人の耳にはもちろん自分の耳にも届きます。すると、その言葉を聞いた人の中には私の夢を応援しようと動いてくれる人が出てきます。それと同時にその夢は、私の耳に入って私自身の意識にも刻み込まれますから、実現に向かって動き出せるようになっていきます。そうして夢が現実に近づいていくのです。

　私の場合は子どもの頃にネイルに興味を持ち、仕事にしたいと考えるようになりました。そして、ネイルへの思いやネイリストとしての展望を口にしながら挑戦を続けているうちに、それが現実になりました。独立してからは「有名なネイリストになって雑誌に掲載されたい」という夢を掲げていましたが、その夢についてもいろいろな人に話をしながら実現を目指していたおかげで、叶えることができました。

　自分のやりたいことがわからない。もしもあなたがそんなお悩みを持っているのなら、少しでも興味があるものを見つけて挑戦してみてください。そのうち具体的な夢が見つかれば、その夢を口にしながら実現を目指してみてください。きっとそれが夢を叶える近道になるはずです。

●**ゆーか**／高校卒業後、美容学校に通いながらネイル講座を受講。卒業後は、ネイル講座で師事した先生が勤めていたネイルサロンでアルバイトをしながら学びを続け、ネイリスト技能検定3〜1級に合格。その後は、恵比寿の人気サロンで働きながら、繊細なタッチで天然石などを描く独自のデザインネイルを確立させる。現在は独立し、恵比寿の「CRESCEMT.」、名古屋の「vrai」の2か所で活動している。

| 第3章 | 大人になって「なりたい」を見つめ直す |

自分の根底にある
好奇心を育み
動画づくりの道を極める

YouTuber ／動画クリエイター講師
本津 誠司

コロナ禍をきっかけに勉強を始める

20代の頃は芸能界に憧れていました。たまたま近くにモデル事務所があったこともあり、プロモデルを目指すことに。レッスンから始まり、ショーに出演したり、ブライダルの撮影をしたり。師事していた先生のアシスタントとしてウォーキング講師をしたこともあります。モデル業に取り組む日々は、普通では体験できないことばかりで、本当に刺激的で充実していました。

一方で、30歳近くになった頃、収入が安定しないことに不安を感じ、百貨店の販売員に転職することにしました。ところが大きな組織の中では、自分の能力や意欲よりも、まず組織として必要な人材でいること、枠にはまることがよしとされていました。僕はそんな環境に窮屈さを覚え、この場所で働き続ける未来を描けず、自分には向いていないと感じました。

そんな想いを抱えていた頃にコロナでお店の営業がストップ。空いた時間で何かやってみようと、動画編集を始めました。ゲームが好きだったし、好きなことをして収益を得るYouTuberに対する憧れもありました。初心者向けの簡単なソフトを使い、独学で動画制作をスタートしました。

第3章 大人になって「なりたい」を見つめ直す

プロとして突き詰めるために本格的に動画を学ぶ

　初めてYouTubeに投稿したのは、ゲーム実況動画。もともとゲームが好きだったので視聴者のニーズを想像しやすいことと、撮影環境などのハードルが低かったので、ゲーム実況にジャンルを絞りました。自分のアイデアを形にして動画をつくることは、本当に好きだし楽しい。動画制作にのめり込むようになり、次第にプロとして突き詰めていきたいと考えるようになりました。そこで、動画制作について基礎から学べる資格取得スクールの動画クリエイター講座に通うことを決めたのです。
　講座では、動画制作ソフトPremiere Proの使い方や、見やすい動画の構成など、動画制作の基本を学びました。しかし、基本を学ぶだけではあまりYouTubeの登録者数が伸びなくて。試行錯誤を繰り返す日々が

続きました。

　そのとき力になってくれたのが、スクールスタッフの柳沢さんでした。動画業界に詳しく、柳沢さん自身もクリエイター気質で、僕のアウトプットに対して「じゃあ次はこうやってみましょうか」と提案してくれて。二人三脚でチャンネルを育てていき、総再生回数300万回、チャンネル登録者数5,000人を達成することができました。ニッチなジャンルではありますが、根強いファンの方に支えていただいています。動画の細かいネタに気づいて毎回コメントを入れてくださる方がいて、自分が面白く伝えたい部分を理解してもらえることがとても嬉しいです。

講師として次世代を育てる喜び

　現在は、僕自身が動画クリエイター講座の講師として教える側に立っています。基礎だけでなく、生徒さんがプロとして活躍するための応用性や実用性を重視した知識をお伝えするようにしています。学ぶ側にいたからこそわかる物足りなさを、自分の生徒さんには感じさせないように心がけていますね。何でもYouTubeで学べる時代に、わざわざスクールに学びに来てくださる方に、プラスアルファの知識や経験を伝えることを大切にしています。

　自分の経験を伝えることで誰かの役に立ったり、可能性を広げたりすることが好きなので、かねてより講師業に興味がありました。モデル時代にウォーキング講師をしていたこともありましたが、道半ばであきら

めてしまった経験もあります。今、ありがたいことに動画講師として働く機会をいただいているので、自分の至らなさを自覚しつつも、努力を積み重ねて、受講生の方の力になりたいと思っています。

　また、動画制作はどうしてもストレスが溜まりがちです。そこで、自身のメンタル・健康と教えている受講生のメンタル面のサポートをするために、実践心理学の資格であるNLPプラクティショナーを取得しました。WEB・心理の垣根を越えて受講生同士がつながれる場を提供したいと思い、今後は心理学講師としての活動を目指します。

ポジティブな影響を与えられる存在になる

　僕は、「なりたい自分」というものを常に意識してきました。10代から20代前半は、スターと呼ばれるような芸能人に憧れを抱いていました。「この人のようになりたい」と強く感じて、不思議と努力ができたのです。最近になって、なぜ自分はスターに憧れるのか、ということを改めて自己分析したところ「人にポジティブな影響を与えられる存在」こそ、僕のなりたい理想像だと気づきました。昔も今も変わらず、自分自身が輝くことで周囲も輝かせられる存在になることが僕の目標です。

　今、やりたいことが見つからない人は、まずは自分と向き合い、自分の心がどんなときに動くのか、モチベーションを上げるには何をすればいいのかを探ることから始めるのがおすすめ。「これを仕事にする」と急に高い目標を立てるのではなく、ハードルを下げて一歩ずつ踏み出していけばいいと思います。一歩踏み出して、学び続け、実践し続けること。学んで、行動して、失敗して、やり直して、成功して、というPDCAサイクルをひたすら回し続けることが大切です。

●ほんつ・せいじ／メンズモデル、ウォーキング講師を経て、株式会社阪急ジョブ・エール阪急阪神百貨店にて販売員として勤務。コロナ禍を期に、動画制作を始め、2023年にYouTube収益化を達成。YouTuberとして活動。2024年より大阪の梅田にて動画クリエイター講座の講師を務める。

第3章　大人になって「なりたい」を見つめ直す

日本ならではの
伝え方を教えて
外国人が働きやすい
職場をつくる

株式会社エルロン
代表取締役　石川 陽子

30代で迎えた人生の転機

　29歳の頃、私は人材派遣会社で仕事をしていました。大学生の頃からやりたかった人事の仕事もできてやりがいを感じていた一方、ある違和感を感じていました。それは、面接の応募者に伝えていた「当社の平均年齢は約30歳。ステップアップを応援している会社です」という言葉。何回も何回も人に説明しているうちに「あれ、私もそろそろステップアップする当事者じゃないか」と気がついてしまい、転職を考えるようになりました。

　では、次のステップではどんな仕事をしようか。そんなときに思い浮かんだのが採用面接で出会ったひとりの中国人留学生の存在です。彼は、中国でトップレベルの大学出身で日本語も堪能。なぜ契約社員の面接に来たのだろうと疑問に思いました。すると、彼は「私はすごい優秀で、あなたの会社の仕事はできるから、私を採用したほうがいいですよ」と言いました。「社会人経験もないのに仕事ができると言われても……。もしかしたら、この言い方のせいで面接に落ちているのかも……」と思ってしまったのです。彼に日本ならではの伝え方を教えることができれば、

第3章 大人になって「なりたい」を見つめ直す

　もっと日本で輝けるかもしれない。そんな思いで、私は外国人の就労サポートをする仕事ができないだろうかと思い立ちました。
　外国人の就労をサポートするにはどんな職に就けばいいのか。ちょうど私の大学の主専攻は日本語教育だったことを思い出して「日本語教師になろう」と決意します。しかし、日本語教師になるということはキャリアが振り出しに戻ってしまいます。給与は下がるし、安定しない生活が続くでしょう。でも、1年間悩み続けても「日本語教師をやりたい」という気持ちが消えませんでした。夫からは大反対されましたが、最後のボーナスをすべて日本語教師の養成講座に注ぎ込み「自分のお金でやるんだから文句はないでしょ」と自分の意志を貫き通しました。

日本語を教える難しさ

　私は、大学で日本語教育を学んでいましたが、外国人に日本語を教え

た経験はありませんでした。日本語教師になるなら、実習をしてから現場に行きたいと思っていたので、実習が充実していると評判の資格取得スクールの日本語教師養成講座を選びました。

　通常、実習に付き合ってくれる生徒さんは、ある程度日本語を話せる方であることが多いのですが、本当にまったく日本語を話せない外国人に授業をする機会もありました。

　まったく日本語が話せない人とのコミュニケーションは、日本語とジェスチャーです。恩師には、一切ほかの言語は使わずに伝えるのだと教わりました。たとえば、紙を渡すときに「どうぞ」と言って渡すと相手が受け取る。その動作を見せて「日本人は何かを渡すときに『どうぞ』と言う」ことを理解していただくのです。

日本で働く外国人のために起業する

　日本語教師養成講座修了後、非常勤の日本語教師として３校に勤務し、その後は別の日本語学校で専任となり約４年間働きました。日本語学校での仕事は楽しくてやりがいがありました。でも、「日本で働きたいけれどうまくいっていない外国の方たちをサポートしたい」と思っていたので、起業して外国人人材定着支援の事業をやってみようと思いました。

　当社の事業は、企業からの依頼を受けて、外国籍従業員への日本語教

育と、雇用企業の方々に向けた研修を提供すること。日本人が外国の方と円滑に仕事をするには「日本人にとっての当たり前が通じない」ことを理解し、違いを知ることで回避できるトラブルがあることをお伝えしています。

　企業研修のほかには、日本で就職したい学生に対して日本語を教えています。それはまさに、私が日本語教師を志した当時、面接で出会った中国人の彼がぶつかっていた問題を解消できる場です。また、授業の進め方などについて悩んでいる日本語教師同士がともに学ぶ場を作ることもしています。日本語教師は経験を重ねて成長していく仕事。日本語教師に限らずですが、学び続けることはキャリア形成において絶対不可欠です。

❘ やりたいことが見つからない方へ

「なりたいものがない。やりたいことがわからない」と相談されることがありますが、これはそれほど深刻に悩む必要はないことだと思っています。私自身、初めて就活をしたとき、漠然と人事をやってみたいと思ったものの、明確な理由があるわけではありませんでした。たとえば、就活するときに「アパレル、医療、製造の中なら医療」と少しずつ選択肢を絞って選んでいく方法もあるはずです。何をしたいのかわからないなら、いろいろ試す中で好きなものを探せばいい。少しでも気になるものがあるならば、一歩踏み出してほしい、とにかく何かアクションを起こすことが大切です。

　平均寿命が80歳以上と言われる中、今はまだ焦る必要はありません。

　もし、まとまった時間があるならば、何か新しいことを学んでみてください。学ぶことで自分自身の成長につながるでしょう。

●**いしかわ・ようこ**／株式会社リクルートスタッフィングに勤務。営業、管理部門を経験する。人事部では、中途社員の採用業務と新卒社員の研修を担当。その後、日本語学校にて企業向け研修主任を担当。2019年（株）エルロンを設立。日本人と外国人がともに成長できる場をプロデュースし、外国人人材定着支援に力を入れている。

第4章

MBAで広がる
自分の可能性

キャリアアップの一環として、
MBAという選択肢を取った人たちの姿には、
深い覚悟と意志が感じられます。
この章では、MBAを通じて仕事のスキルを上げ、
自分の夢を追い求めている人たちのインタビューをお届けします。
知識とスキルを磨きながら、
彼らはどのように人生を豊かにしてきたのでしょうか。

第4章　MBAで広がる自分の可能性

グローバルな視野と行動力が
進むべき道を照らしてくれる

株式会社RAVIPA
代表取締役　新井 亨

可能性を感じた中国での留学と起業

　大学時代から、国際的な仕事をしたいと考えていました。もともとは英語圏に留学しようとしていましたが、費用が高いので進路変更。毎朝の新聞配達で貯めた30万円の学費で行ける、中国の国立大学に留学をしました。僕が大学生の頃の2000年代初頭、日本は不景気で、学生たちの間で話題にのぼるのも、将来についてのネガティブな話ばかり。一方で、留学した北京は、北京オリンピックの開催前で景気がよく、活気もありました。学生たちもとても優秀で、ポジティブな人生プランを考えている人ばかりです。オリンピック開催前で日本の企業が中国に進出するタイミングと重なったこともあり、中国はこれからきっと伸びていくはずだ、ここでビジネスを始めれば面白いだろうと、もともと起業に興味はありませんでしたが、中国で感じた可能性が、その後連続で起業をしていくきっかけになりました。

　大学4年生で一度日本に帰国し、自ら立ち上げたサイトなどでお金を貯めて、大学在学中に中国で起業をしました。最初に始めたのは美容室です。当時の中国では、日本がファッションリーダーとして憧れられていました。「日本の美容なら、いくらでもお金を出しますよ」という富裕層もいて。客単価が4～5万円など、日本ではありえない価格で運営でき、美容室事業は好調でした。ほかにも、日系企業の中国進出のサポー

第4章 MBAで広がる自分の可能性

トや貿易のサポートなど、できることはなんでもやりました。

そして、中国で蓄えたノウハウをもとに、さまざまな事業を立ち上げ、日本でもチェーン展開の美容室を立ち上げました。それが今の会社の柱である美容品の事業にもつながっています。

自己流の起業から脱却し、「上場企業の経営者」の視点を身につける

ただ、僕には自分でビジネスを興してきた経験はあるものの、会社員としての経験がまったくありません。たとえば、大企業のように、予算を組んだり、稟議を通したり、仕組みを通じて会社を統制するという経験がなく、すべて自己流でした。この先、会社を大きくしようと思ったときに自分のやり方は合っているのか疑問を持つようになり、MBAで経営の定石を学ぼうと思ったのです。学び舎として選んだのはウェール

ズ大学MBAプログラムで、2012年のことでした。授業は、聞いたことがない専門用語だらけで苦労しました。たとえばCAPM（資本資産価格モデル）とか、そんな用語は今まで聞いたことがなくて。僕はビジネスのアイディアと経験はいろいろとありますけど、MBAの勉強では苦労しました。周囲は優秀な大学を出ている人が多くて肩身が狭かったです。かといって、悲観することはありませんでした。僕はどん底から這い上がることには慣れています。

　こうしてMBAで学んだ専門知識のおかげで、企業の経営者と同じ目線で話ができるようになった感覚があります。一緒に学んだ仲間には大手企業の経営者の方もいて、上場に興味を持ったきっかけにもなりました。何が出会いになるか、わからないものです。

「なりたい自分」になるために世界へ目を向ける

　人生を通して、「なりたい自分」になるためには、自分でやりたいことを決めて、突き詰めること。今の時代は、SNSが普及していることも影響して「あいつはラッキーでいいな」などと、他人のことが気になってしまう人は多いかもしれません。しかし、他人と比べてもストレスが増えるだけです。そうではなくて、自分で決めたことや、やりたいことを突き詰めたらいい。そして、情報があふれる今の時代こそ、自分で経

験することを大切にしてほしいです。SNSにはネガティブな情報があ
ふれていても、実際は違うかもしれない。特に、若いうちは日本だけに
とらわれず世界に目を向けてほしいと感じます。経験と時間はお金では
買えません。若いうちに行きたいところへ行ったり、さまざまな経験を
したりする。同じ事柄であっても、若いときの経験と年を重ねてからの
経験では感じ方がまったく違います。感受性が豊かなうちに外に出てい
ろんなことにチャレンジしたほうがいいと思います。

日本でのビジネスを面白くしていくために

　僕が学生の頃、中国はまだまだ経済も政治も不安定で、留学をするに
はリスクの大きな国でした。でも、そこに飛び込んだからこそ、今の自
分があると実感しています。

　これから日本が絶え間なく変化をしていく中で、新しい可能性が生ま
れるでしょう。そんな中、若い人たちが世界を舞台に広い視野を持つこ
とで、新しいビジネスチャンスが生まれ、大きく成長する企業が出てく
ると考えています。それにより、次の時代を担う力が育まれると信じて
います。日本の未来にはたくさんの成長機会がある。だからこそ現在は
美容品のEC事業を中心にビジネスを展開していますが、今後はAI・ロ
ボティクスの事業にも挑戦しようと考えています。日本のGDPは停滞
していますが、国全体を盛り上げていくために、日本が得意なものづく
りを世界に広げていきたい。これまでとはまったく違うビジネス領域で
はありますが、これからも僕の挑戦は続きます。

●あらい・とおる／2015年ウェールズ大学 MBAプログラムにてMBA取得。北京へ
留学し在学中に起業。その後北京へ渡り、不動産、美容、貿易など複数ビジネスを成
功させた連続起業家である。帰国後、上場企業などの相談役を経て、オリジナルブラ
ンドを立ち上げ、販売開始から8か月で月商1億円を突破。2024年1月、株式会社
RAVIPAが東京証券取引所プロマーケット市場へ新規上場を果たす。上場後にAIロ
ボットとサブスクを組み合わせた会社のAZ日本AIロボット会社を創業、世界を視野
に経営をしている。

第**4**章　MBAで広がる自分の可能性

未来を考えるための武器を手に入れる

株式会社リクルート

ソリューションデザイン1部グループマネージャー　**髙木 瑞香**

経験が導く自己発見の旅

　私の経歴を振り返ると、「やりたいこと」は一朝一夕には見つからず、さまざまな経験を通じて少しずつ形作られていきました。

　前職では経営コンサルタントとして働いていました。戦略コンサルや業務コンサルとして、さまざまなプロジェクトに携わる中で、日々、自分が第三者でしかないことを痛感していました。「プロジェクトの予算がなくなったので、髙木さんはここまでで大丈夫です」と言われるたびに、どこか物足りなさを感じていました。これは、自分の仕事の意義や、本当にやりたいことは何かを考えるきっかけとなりました。

　自身が携わり、考え抜いたものが、エンドユーザーの手に届いたときにどうなるのか。その結果を最後まで見届けたい、追いかけたいという思いが、コンサルタントとしての経験の中で徐々に芽生えてきました。この気づきが、私の「やりたいこと」を形作る重要な要素となりました。

　そんな思いから、自分が企画・設計・立案したものがユーザーに届くまでを体感できる会社で、自分と自分が手掛けたビジネスやサービスを試したいと考えるようになりました。これが現職であるリクルートに転職したきっかけです。リクルートではさまざまな業界の業務支援プロダクトの企画・設計を担当。実際にユーザーにとってそのプロダクトが使いやすいのかなど、常にユーザー視点を大切にしています。

転職後の充実感と新たな挑戦

　転職してからは、まさに「やりたいこと」に存分に挑戦させてもらっていると実感しています。サービスを企画して終わりではなく、仲間と一緒に営業現場での販売まで携わることもあります。自分の考えたものが形になり、実際にユーザーの手に届くまでの過程に関われることが、この会社に入ってよかったと心から思える理由です。
　この経験を通じて学んだのは、「やりたいこと」は必ずしも最初から明確ではないということです。むしろ、経験を積み重ね、その中で感じる充実感や物足りなさを通じて「こうしたい」「こうありたい」という思いが少しずつ形となっていくのです。

MBAへの挑戦と学び

　マネージャーとしての経験から生まれた疑問が、私をMBA取得へと導きました。新規サービスの開発プロジェクトでの行き詰まりや、過去の意思決定が後年になって課題になった事例を目の当たりにし、今までの自分の経験だけでは足りない、より体系的な経営知識の必要性を感じたのです。特に印象に残っているのは、10年前に実施した施策が現在の業務における課題要因となっていた事例です。その過去の意思決定の課題解決に奔走する中で「10年後20年後に、私のこのときの意思決定が失敗じゃないと言えるのだろうか」という疑問が生まれ、それがMBAへの挑戦を後押ししました。

　そして、2021年にウェールズ大学トリニティセントデイビッドMBAプログラムで学び、2023年にMBAを取得しました。仕事と両立するのは大変でしたが、計画的に時間を管理することで乗り越えました。この経験からあきらめずに挑戦し続けることの大切さを学ぶとともに、自分のやりきる力に自信を持つことができました。

　今、私はブライダル業界の仕事に携わっていますが、「ブライダル業

界の未来はどうなるか」「人口減少とそれに伴う婚姻数減少・少子化など、産業全体が縮小傾向にある中で、いかにイノベーションを起こせるか」を考えるという重要なテーマに取り組んでいます。この検討に際して、MBAで学んだフレームワークや理論を日々活用しています。厳しい状況下でも新たな価値を創造し、産業を活性化させる方法を模索する際にも、MBAでの学びが重要な指針となっています。

心の動きに注目する大切さ

やりたいことを見つけるうえで、心の小さな動きに注目することが重要だと思っています。ちょっとでも心が揺れる何かがあれば、それが「やりたいこと」の種かもしれません。

実は、やりたいことがまったくないということはほとんどないと思います。ただ、見つかっていないか、やりたいことのハードルを高く設定しすぎているだけかもしれません。無理に見つけようとせず、ちょっとした心の変化に着目すると、必ず何かしらの「種」がそこにあるはずです。

その種を見つけたら、タンスの引き出しにしまわずに土に埋めてみることが大切です。育て方はゆっくりでも構いません。「身近な人に笑顔になってほしい」という思いでも、「社会課題を解決したい」という大きな目標でも、どんな種でも構いません。見つけたら、そこに向かって小さなアクションを起こしてみましょう。芽が出なくても、それはそれで「違っていた」と気づけるチャンスです。次の種を探せばいいのです。

私は、人と人、人と事、人と物をつなげることが好きで、そこからビジネスチャンスが生まれることもあります。この「つなげる」という行為に喜びを感じるという気づきが、私の仕事の原動力となっています。

●たかぎ・みずか／大学卒業後コンサルティングファームに入社。自動車業界やIT分野で戦略・業務コンサルの経験を積んだあと、リクルートへ転職し、住宅領域での新規事業開発に従事。2023年ウェールズ大学トリニティセントデイビッドMBAプログラムにてMBA取得。現在はマリッジ＆ファミリー領域のSaaS企画や、「Air ビジネスツールズ」のセールス手法開発を担当。多様な業界経験を活かし、ユーザー視点を重視した革新的サービスの創出に尽力する。

第4章　MBAで広がる自分の可能性

迷いを捨て、挑戦すれば、自分の強みや道が見えてくる

Yuki　H1合同会社
社長（CEO）　平井 信行

国税専門官として国税庁長官表彰を受ける

　私は大学生の頃、将来について漠然とした不安を抱えながらも、「国の仕事に就きたい」という思いが心のどこかにありました。自分に合った国家資格を探していると、国税専門官の資格に出会いました。その説明を読む中で、一定の研修修了後、勤続年数に応じて税理士試験が免除されることに強く惹かれました。安定したキャリアと税理士資格の両方が手に入るのなら、これ以上の選択肢はないと感じ、国家公務員試験に挑戦して合格。大阪国税局に採用されました。

　36年間の国税局勤務では、主に調査部で誰もが知るような著名大企業の税務調査に携わりました。税務調査では、まず会社の財務書類（貸借対照表や損益計算書）を基に異常な数値がないか確認します。異常があれば、その取引の背景を調査し、担当者と話し合い、矛盾点を探ります。必要に応じて、デスクやパソコンなども任意で確認します。

　また、取引先にも足を運び、反面調査を行うこともあります。調査対象者が取引先と共謀している場合もあり、事実関係を慎重に確かめながら取引の真実を判断していくのが税務調査の核心です。

　厳しい調査を経て真実を見抜くための知識と経験を積む日々は、決して楽ではありませんでしたが、大きなやりがいを感じていました。特に調査部の調査で120億円にのぼる不正所得を暴いたときの達成感は、今

でも忘れられません。また、査察部国際課では、海外取引を利用した脱税企業の臨検・捜索・差押えなどの摘発にも携わりました。

　これらの功績が評価され、国税庁長官表彰代表授彰を含む複数回の授彰、さらに大阪国税局長表彰も受けました。

50代後半でMBAの取得に挑戦

　国税局調査部での税務調査の仕事では、企業の経営トップや役員から直接話を聞く機会が多く、税務調査を通じて企業経営を疑似体験するような面白さがありました。その中で、対応する役員やマネジャーにはMBAホルダーの方もいて、彼らの経営視点に触れる中で、「企業経営を学べば、仕事における視座も高まるのではないか」という考えが芽生え、50代後半ながら海外MBA取得を決意しました。

MBA取得までの2年間は、平日は早朝や帰宅後の時間、土日は6時間以上も勉強する日々。覚悟はしていましたが、時間の捻出には苦労しました。クラスメイトとオンラインで集まり、夜遅くまで納得いくまで議論をしたこともあります。

　修士論文では、国税局員としての経験を活かし、税務における不正取引が企業のコーポレート・ガバナンスに与える影響について研究しました。担当講師やゼミのメンバーから多くの指摘を受けながら、何度も書き直しを重ねて完成させ、私にとっては貴重な経験になりました。

時間は有限、努力は無限、後悔は永遠

　私の座右の銘は「時間は有限、努力は無限、後悔は永遠」です。やらなかったことに対する後悔は、一生心に残り続けます。だからこそ、やりたいことは全力で挑戦し、精一杯の努力をする。それが私の生き方です。

　私は、日本語教師やCFE（公認不正検査士）、AFP（アフィリエイテッド・ファイナンシャル・プランナー）などの資格を取得しています。プライベートでは、オホーツク地方を走るサロマ湖ウルトラマラソンを数回完走したこともあります。

　サロマ湖はウルトラマラソンの聖地と言われており、大会では制限時間13時間以内に100kmの完走を目指します。しかし、初出場のときは70kmで断念。自分の練習が足りなかったと反省し、ほかのフルマラソン出場などで練習を積み重ね、再挑戦して完走できたのは50歳のときで

す。私は大学では空手部に所属するなど運動は好きでしたが、マラソンを始めた当時は10kmも走れなかったことを考えれば、大きな進歩です。

このように、少しずつ成功体験を重ねると自信につながるものです。達成するまであきらめず、迷いがあっても挑戦するうちに楽しさが見つかり、経験が積み重なることで、進むべき道が見えてくることもあります。失敗を恐れず、一歩踏み出す勇気が大切だと思います。

常に高い視座を持ち、自らの存在価値を高めていく

国税調査の仕事は好きでしたし、定年までやろうと決めていました。その後は自分のやりたい仕事をしようと思っていました。

定年退職後、私は税理士として独立開業しました。まず短期間、税理士事務所に就職してノウハウを学びました。その後、国税局勤務時代の国際課税の知識を基盤とし、MBAなどの資格を駆使して、経営・財務監査のコンサルティングや研修講師として活動しています。

仕事の視座を高めるために通ったビジネススクールは、大きなリターンをもたらしました。そこで出会った仲間から、社外監査役や税務・財務コンサルティングの仕事を紹介されることがあるのです。MBAは私のビジネスチャンスを広げ、キャリアをより強く後押ししてくれました。現在、MBA取得のおかげで米国大学院のフィナンシャルアカウンティング講師としてオンラインにて教鞭をとっています。

上質な知識やスキルは、自分をより高度でオリジナリティのある存在へと引き上げてくれます。そして、「やりたい仕事」「なりたい自分」に向かって進む力を与えてくれます。私はそのおかげで、自ら立ち上げたビジネスを成功へ導くことができたのだと信じています。

●ひらい・のぶゆき／大学卒業後、国税専門官として36年間勤務。大阪国税局調査部では大規模法人の税務調査を担当。沖縄国税事務所への出向や査察部での脱税企業の臨検・捜査などの事務に携わる。また、公務の要請で大手民間企業経理部の経験あり。複数回にわたり国税庁長官表彰を受けるほか、大阪国税局長からも表彰される。2023年、ウェールズ大学トリニティセントデイビッドMBAプログラムにてMBAを取得。定年退職後は、税務調査に携わった経験を活かして独立。2023年に平井信行税理士事務所、2024年にYuki H1合同会社を設立する。

第**4**章　MBAで広がる自分の可能性

1つひとつの
チャンスをきっかけに
自分の得意分野が見えてくる

オリックス銀行株式会社
デジタル戦略推進部デジタル推進チームマネージャー　**牟田 香奈**

システムエンジニアから組織開発への興味

　システム開発会社でシステムエンジニアとしてキャリアをスタートさせた私は、プログラマーから始まり、システム設計や企画も手掛けました。何年かシステムエンジニアとして働く中で、大規模プロジェクトの推進を担当するチャンスをもらいました。当時、システム開発の仕事に限界を感じていた私は、システム開発をより効率的に進めるための仕組みについて提案をしたら、開発者支援やプロジェクトマネジャーを支援する仕事をやってみないかと声をかけてもらったのです。

　その後、200人以上が関わる金融システムの移行プロジェクトなど、いくつかの大規模プロジェクトを経験するうちに、自分自身でモノを作るということよりも、「どうすればプロジェクトがうまく進むか」という点にさらに興味を持つようになりました。優れたシステムを作るためには、優秀な人材、開発技術は非常に重要で、その人材を育てるには、組織の役割が大きいことに気づいたのです。

　また、ある案件では、コンサルティングファームの方と一緒に仕事をする機会がありました。次世代の銀行チャネルを作るプロジェクトで、その方はシステムに詳しいだけでなく、投資対効果についても分析をし

て提案していたのです。それを見て、「これからのエンジニアは経営の視点も必要になるな」と強く感じました。世の中のローコード開発やDXの流れで、エンジニアはゼロから開発することも減ってきています。そこで、これまでの経験を活かした人材育成や人事や組織開発の仕事をしてみたいと思い、人事部に異動して教育プログラムの策定や人事DXのプロジェクトにも関わりました。

MBAで学び、将来の指針に

　エンジニアとしての経験、人事の経験、そして経営への興味をどう自分の強みにするか考えていました。プレMBAの講座を短期的に受けていたところ、知人に「本格的にMBAを取ってみたら？」と勧められたのです。システムエンジニアにはわかりやすい資格が少ないですし、技

術の進歩が早いので資格もすぐ古くなってしまう。それなら将来の指針になるようなものを得たいと思い、MBA取得を決意しました。HRM（人的資源管理）領域に関心があったので、著名な先生がいるウェールズ大学トリニティセントデイビッド MBAプログラムを選びました。

　修士論文では、関心のあった組織開発を研究テーマに選びました。企業の人事制度・上司のリーダーシップ・組織市民行動という3要素を組み合わせた研究モデルを用いた結果、「会社が能力開発を充実させることで、上司にいい影響を与え、社員の自律的な活動が活発になる」ことが明らかになりました。

　また、授業で学んだ「交渉学」は今でも業務に活かしています。一般的に、交渉というと「勝ち負け」を思い浮かべるかもしれませんが、実は交渉とは「新しい価値を生み出す行為」だと教わりました。たとえ自分の意見が通らなくても、対話を通じてお互いに気づきが生まれ、ウィンウィンの関係が築ければ、それが新しい関係の始まりになります。逆に、一時的に自分が勝ったとしても、相手との関係が壊れてしまったら意味がありません。会社でも個人でも、長期的な関係を続けることが大切です。

　この学びは日常の仕事にも大いに役立っています。相手の立場を尊重しながら、ともに新しい価値を生み出していくことが、持続的な関係を築く秘訣だと実感しています。

周りを幸せにしたいという思いが、
今の自分を作っている

　現在、私はエキスパート職として社内業務のDXを担当しています。でも、最初から「こうなりたい」という明確なビジョンがあったわけではなく、試行錯誤の連続でした。たとえば、プログラミングやネットワーク、データベースなども学びましたが、どれも心から興味を持つことはできませんでした。

　そんな中、新卒で入社した会社の研修で、講師の方から「プランド・ハップンスタンス理論」という言葉を教わりました。この理論は「偶然の出来事に対して前向きな姿勢でいることが、キャリアアップにつながる」という考え方です。その言葉が私の心に残り、「今は特にやりたいことがなくても、周りの人を幸せにできる仕事がしたい」と思うようになりました。自分の行動やスキルが少しでも周囲の役に立てたらいいなと思いながら、経験を重ねていきました。

　そうしていると、自然と「こんな仕事をやってみないか？」と声をかけてもらえるようになったのです。PM（プロジェクトマネジャー）やPMO（プロジェクトマネジメントオフィス）のオファーをいただくことや、企画の仕事に挑戦する機会も増えていきました。こうした1つひとつのチャレンジを受け入れていくうちに、自分の興味や得意なことが見えてきました。

　偶然の機会を前向きに捉え、挑戦を重ねてきたことで今の私があります。たとえ今は自分の興味や得意なことが見つからなくても、周囲にいい影響を与えようとする姿勢があれば、自然と道は拓けていくものだと信じています。

●むた・かな／国立大学卒業後、システムエンジニアとしてキャリアをスタート。その後、複数のSE専門資格を取得。その後、プロジェクト成功を人の統制ではなく環境や仕組みで実現するため、間接部門に異動し、社員教育や組織作り、デジタル技術導入に携わる。2022年ウェールズ大学トリニティセントデイビッドMBAプログラムにてMBA取得。2023年にオリックス銀行株式会社に転職したあとは、経営視点を活かしたシステム提案などでMBAの学びを活かしている。

第**4**章　MBAで広がる自分の可能性

学び続ける姿勢が
見える世界を広げてくれた

株式会社タウ
代表取締役社長　**宮本 明岳**

創業者から課された経営の課題

　私は現在、株式会社タウの代表取締役社長を務めています。1996年の創業時から私たちが取り組んできたのは損害車のリユース・リサイクルです。「SDGs」という言葉が一般的になるずっと前から、私たちはこの理念を持って事業に携わってきました。

　高校卒業後、運送業界などで働いた私は、1998年に従業員7人のタウに入社しました。当時の私には特に夢もなく、「社長になりたい」という思いも、経営の知識もありませんでした。

　しかし、幸運にも創業者から直接経営を学ぶ機会に恵まれました。「事故車のマーケットを5年以内に50％以上拡大するには、どのような戦略が必要か」といった課題が毎週のように与えられたのです。私は自分なりに勉強し、翌週までに解答を提出しました。経営の素養がまったくないところからのスタートでしたから、はじめのうちは何が何だかよくわからず、嫌になったこともありました。それでも与えられた課題に懸命に取り組む姿勢が評価され、2009年、社長に就任することになりました。

　私が就任した年はリーマンショックのさなかでした。世界中で多くの自動車メーカーが経営危機に陥り、日本の自動車産業にも甚大な損害をもたらしました。私たちの会社も例外ではありませんでした。それまで

順調に伸びていた会社の売上は半減し、これまで無借金経営をしていましたが、このときばかりはさすがにお金を借りました。こんなに打つ手が効かないことがあるんだな、と本当に打ちのめされる思いでした。

　私の社長就任は順風満帆なスタートとはいきませんでしたが、なんとか苦しい時期を乗り越え、2023年には従業員が580名まで増え、業績も順調に伸びています。

社長就任後、会社から課せられたMBAの挑戦

　"経営を体系的に学んで世界共通の物差しを持つ"という創業者の方針で、私は社長就任後の2011年にウェールズ大学MBAプログラムで学び始め、2013年にMBAを取得しました。当時、日本ではMBAの認知度も取得者も少なく、私は単純に「MBAを持っているなんてかっこいい」と喜んだものです。創業者から経営のノウハウを学んでいましたが、

MBA課程は想像以上に厳しいものでした。しかし、その学びは経営の本質に触れる非常に有意義なものでした。ファイナンスの計算式などは独学でも学べますが、MBAでは考え方まで深く理解することができました。

修士論文では、タウの事業とMBAの学びを結びつけて研究しました。若いながらに会社の成長戦略を描き、それを論文という形にしたことを覚えています。現在、その構想の約半分は実現できていると考えています。タウのMBA取得制度は上級管理者を対象としており、社内には私以外にもMBAホルダーが複数います。MBAホルダーが増えたことで、会議での発言も経営視点が加わり、管理者の視座が一段も二段も上がったように感じます。そして、管理者が同じようなスタンスで社員に教えることで、組織力も上がってきている実感があります。

経験をすれば、やりたいことが見つかる確率が上がる

私は高校卒業後、東京に憧れて上京しましたが、専門学校を3か月で中退してしまいました。保険を解約してまで学費を工面してくれた親に申し訳ない気持ちでいっぱいでした。その後、親孝行のために昼夜を問わず働き、運送会社や飲食店で経験を積みました。そして、タウとの出会いがあり、この事業に興味を持ちました。さらに現会長との出会いが

重なり、今の私につながっています。

　幼い頃から自分がやりたいことがわかっていて、その夢が実現できている人もいるでしょう。しかし、多くの人はそうではないと思います。「やりたいことが見つからない」という人は、単に経験が不足しているのかもしれません。食わず嫌いと同じで、実際に体験してみると面白さに気づくことが多いのです。

　学問でも仕事でも同じですが、新しいことに触れると視野が広がります。やりたいことが必ず見つかるとは限りませんが、その可能性は確実に高まります。会社の事業も同様で、常に新しいチャレンジが必要です。現状維持は衰退を意味します。一歩踏み出すことで、これまで見えなかったものが見えてくるのです。

次世代が育てば、この会社はもっと大きくなる

　もともと小さな会社だったタウがここまで成長できたのは、経営理念である「社会貢献」「社員の幸福」「優秀な人材の確保」「積極経営」を実直に実行してきたからです。

　タウの社長として、今、私が追求していきたいことは、この経営理念に基づいた「誠実で健全な経営」です。会社が大きくなっている今こそ、経営者として知性と教養を磨き、土台を強化したい。そして、経営理念を振り返り、忠実に実行していきたいと改めて思います。入社してくる方々も誠実で、頭もよく、行動力もあり、こんな若い人がいるんだと驚くくらいです。そういった方々が活躍すればこの会社はもっと大きく成長する。私は、次世代につなげるための経営基盤を築き、その責任を果たしていきたいと思います。

●みやもと・あきたか／1998年株式会社タウに入社、2009年代表取締役に就任。2013年ウェールズ大学MBAプログラムにてMBA取得。損害車の買取・販売事業を展開し、2014年には慶應義塾大学大学院の湊宣明教授（現：立命館大学大学院）との共同研究で「カー・トリアージ」概念を策定。損害車や使用済車の状態に応じて最適な処理を選択し、車両価値を最大化する仕組みを構築。国内外で車両価値の最大化とリユース推進に尽力する。

第4章

MBAで広がる自分の可能性

第5章

子ども時代から「なりたい」を育む

夢は、幼少期からの興味や好奇心によって育まれます。
この章では、幼い頃に「なりたい自分」を見つけた、
今を生きる子どもたちとそれを支える人たちの物語を紹介します。
彼らがどのようにして初めての挑戦を乗り越え、
どんな未来を描いているのか。
その夢の種がどこから生まれたのかを知ることで、
あなたも自分の未来を見つけるきっかけを得られるはずです。

第**5**章　子ども時代から「なりたい」を育む

誰にも負けない
自分だけの個性を磨きたい

「クリエイティブロボティクスコンテスト2024」総合大賞受賞
高校1年生　**飯田 空大**

父親の影響でロボットプログラミングの世界へ

　小学3年生のときに、父親がロビ（二足歩行のコミュニケーションロボット）の組立キットを作っているのを見て、「ロボットって面白そう」と思ったことが、ロボットプログラミングに興味を持ったきっかけです。父親はラジオ局で働いていて、機械が身近にあったことも影響したのかもしれません。

　ちょうどその頃、テレビでロボット教室を紹介する番組を観ました。自宅から通える範囲に教室があることを知り、両親にお願いして通うようになりました。授業は月2回（1回90分）あって、大会やコンテストの時期になると、遅くまでオリジナルロボットの製作に取り組むこともありました。

　ロボットプログラミングは、ギアのメカニカルな部分に魅力を感じます。パソコンを使って自分で考えたプログラムが、試行錯誤の末にきちんと動くようになると達成感があります。また、ロボットの知識が身につくと、エレベーターなどの実用化されている機械の仕組みも少しずつ理解できるようになり、ロボットと現実の世界を重ね合わせて考えられることも、楽しみのひとつです。

　学校では、勉強も運動も自分より上の子がたくさんいますが、「自分にはロボットがある」と考え、誰にも負けない自分だけの個性や強みを

確立したいと思っていました。それが大会やコンテストに出場するモチベーションになっています。初めての大会では胸が躍りましたし、発表した作品を客観的に評価してもらえて、とてもいい経験になりました。

2023年に出場した「第5回ヒューマンアカデミーロボプロ全国大会」のときは、ロボットの構想が全然まとまりませんでした。そこで、教室の仲間に「どう思う？」と聞いてみると、たくさんのアドバイスがもらえて、その中から「最新技術としてChatGPTを使う」というアイデアが生まれました。この経験から、人に聞くことはすごく大事だとわかり、何かに迷ったり、新しいことにチャレンジしたりするときは、必ず周囲からアドバイスをもらうようにしています。

ロボットコンテストで日本一に輝く

「クリエイティブロボティクスコンテスト2024」では、最高賞にあたる総合大賞を受賞することができました。このコンテストでは、テーマに沿って製作したオリジナルロボットについて制限時間内にプレゼンテーションをして、ロボット開発のアイデアと技術力を競います。

受賞のことを高校の先生に報告したら、学校中に噂が広まってしまって（笑）。「日本一!?　すごい！」といろんな方にほめてもらい、びっくりしました。その後は新聞社の取材や全国放送のテレビにも出演するなど、影響の大きさを改めて実感しました。

コンテストで発表した「インプロバイズテルミン」は、自動伴奏に重ねて、超音波距離センサーを用いた即興演奏を行うロボットです。昔から音楽に興味があって、1年ほど前から音楽とロボットを組み合わせたいという構想を温めていました。ただ、実際に製作を始めたのはコンテストの2週間前、試作を重ねて形になったのは3日前です（笑）。

一番こだわった部分は、音楽性の表現です。僕は高校でジャズ部に所属していて、ジャズの名曲「枯葉」の楽譜を見て、プログラムに落とし込みました。音を鳴らすだけだと単純になってしまうため、テルミンという電子楽器を応用してスイングなどを工夫しました。

ジャズの楽曲では、まずテーマ（主題）を演奏してからアドリブを披露するという決まりがあります。今回はアドリブの部分だけになってし

まったため、いつか主題も演奏できるようにしたいですね。そういう意味では、発展途上のロボットなのかもしれません。

　プレゼンテーションでは、見ている人にも楽しんでもらえるように、ロボットの見た目や演出の部分にもこだわり、それが伝わるように心がけました。講評では、審査委員長の古田貴之先生（千葉工業大学「未来ロボット技術研究センター・fuRo」所長）が絶賛してくださり、自信につながりました。

やりたいことはチャレンジの先に見えてくる

　次回作の構想はまだありません。日頃から自分の興味関心があるものを掘り下げて、アイデアを形にしていきたいと思っています。

　再来年には大学受験を控えているため、ロボット教室の授業もあとわずか。悔いのないように取り組んでいきます。オリジナリティにこだわりながら、見る人、使う人が楽しめるロボットを自分も楽しみながら作っていきたいですね。

　将来は、電気と音楽に関係する職業に就きたいと考えていますが、まだ悩んでいるところなので、これから具体化していきます。ロボット開発の知識や技術をもっと深めていくと、将来の道もはっきりしてくるのかもしれません。

　僕が小学生の頃から自分のやりたいこと、楽しめることを見つけられたのは、いろんなことにチャレンジしていたからだと思っています。普通なら絶対やらなさそうなこと、一部の人にしか響かないようなことでも、思い切ってやってみると、実は自分に合っていたり、新しい考えを見つけるきっかけになったりします。夢や目標はチャレンジの先に見えてくるものだと思っています。

●いいだ・そら／福島県在住の高校１年生。小学校３年生からロボット教室に通い、「第10回ヒューマンアカデミーロボット教室全国大会」に出場。その後、ロボティクスプロフェッサーコースに進級し、「第５回ヒューマンアカデミーロボプロ全国大会」でユカイ賞を受賞。「クリエイティブロボティクスコンテスト2024」で総合大賞を受賞した。受賞後、TBSテレビ『THE TIME,』などメディア出演多数。

第**5**章　子ども時代から「なりたい」を育む

全国大会で
2大会連続MVP賞
将来はロボットを作る
仕事に就きたい

「ヒューマンアカデミーロボプロ全国大会」2大会連続MVP賞受賞
高校3年生　**山本 蒼也**

ロボット教室に通って夢中になる楽しさを知った

　新聞の広告欄でロボット教室のことを見かけて、「やってみたい！」と思ったのは、小学校3年生くらいのときです。すぐに両親に頼んで、通うようになりました。教室は、自分で作ったロボットが動いたり、知らなかった機械の仕組みがわかるようになったりして、とても楽しかったです。

　通い始めた頃、「落ちるエレベーターの中でジャンプしたらどうなるんだろう？」といった思考実験の本を読んだことをきっかけに、物理に興味を持つようになりました。ロボットプログラミングは物理と密接につながっていて、ロボット教室から学ぶことも多かったと思います。

　ロボット教室には、上級コースの「ロボティクスプロフェッサーコース（以下「ロボプロ」）」があります。それを知ったとき、もっと本格的に学びたいと思い、母親にお願いしました。母親は「消極的な子だったのに、まさかこんなにお願いされるとは思わなかった」「将来を考えたときに絶対にマイナスにはならないだろう」と言ってくれて、熱意が認

められ、進級することができました。
　ロボプロ教室では、実用的で高度な技術が学べるので、達成感やワクワク感がどんどん大きくなって楽しくなっていきました。ロボットがプログラム通りに動かなかったり、エラーが出たりと、わからないことが多くてやめたくなることもあったのですが、しばらくすると、またやりたくなって（笑）。気づいたらここまで続けられたという感じです。

努力が報われ、2大会連続でMVP賞！

　中学3年生のとき、僕が通う福岡県の中間教室の先生から、「ヒューマンアカデミーロボプロ全国大会」のことを教えてもらって、2021年7月に開催された第4回大会に出場することになりました。予選を勝ち抜いた総勢13人が出場し、テーマ部門、フリー部門に分かれて、発想力、

創造力、実現力を競う大会です。僕はフリー部門にエントリーして、そこで発表した「ダンシング・チンアナゴ」という作品で、MVP賞を獲得することができました。自分の作ったロボットが審査委員の先生方に認められて、とても嬉しかったことを覚えています。

「ダンシング・チンアナゴ」は、光センサーで明るさを判別して、明るいときや暗いときに、バイオメタルファイバーで表現したチンアナゴがそれぞれ違った動きをするように工夫しました。生物らしさを出すために、乱数を使ったプログラミングでバラバラに動くようにして、大きな振動を感知したときに、チンアナゴが驚いて止まるという動きを表現するのが特に苦労しました。

メインプログラムが実行中はほかのプログラムが実行できないので、マイコンの割り込み実行機能を利用し、メインプログラムが実行されていても関係なく反応できるようにするなど工夫を凝らしました。MVP賞の賞金でレーザー加工機を買って、基盤などを作るときに使っています。

そして、コロナで延期になり、約2年振りに開催された第5回大会でもMVP賞を獲ることができました。前回大会のMVP賞受賞者というプレッシャーもありましたが、2大会連続で受賞できて本当にビックリしました。

発表した作品は「V-Catch」という名前で、"V"はvirtualから取っています。名前の通り、特殊なグローブを使って仮想空間上のものをつかめてしまうという設計です。5本指の角度をグローブでセンシングしてUnity（ゲーム開発現場を中心に使われて

いるプラットフォーム）上に３Dで再現し、仮想物体をつかんだときの反発力を計算してグローブ内のモータへフィードバックします。

僕が尊敬する審査委員長の古田貴之先生（千葉工業大学「未来ロボット技術研究センター・fuRo」所長）から、「はるかに教材の域を超えていて圧倒されました。Unityでプログラミングをして、３Dプリンターで部品の成形をして、基盤も作るなど、ロボットの要素すべてを盛り込んだところがすごい！　これからも大いに期待しています」と仰っていただけて、感動しきりでした。寝る間を惜しんで取り組んだ力作だったので、頑張った甲斐がありましたし、努力が報われた瞬間でした。

その後、古田先生が直々にfuRoにご招待くださり、実際の研究の様子や研究チームの皆様に僕の研究を見てもらうという、大変貴重な経験をさせていただきました。海外を飛び回る過密スケジュールの中、古田先生が心意気で見学会を調整してくださったので、本当に感動しました。

▌将来はロボットを作る仕事に就きたい

僕にとって「ロボプロ全国大会」は、今まで頑張ってきた成果を発揮できる場所です。大会に向けて努力した経験が、間違いなく今に活きていると思いますし、ロボット教室に通う中で、挑戦する意欲や自信を得ることができました。

中間教室の先生は、親身になって教えてくださいました。そのおかげで、ロボットプログラミングに関するさまざまな知識や技術が深まったのだと感謝しています。

僕は今まさに大学受験の真っ最中ですが、工業系の道に進んで、将来はロボットを作る仕事に就きたいと思っています。

●やまもと・そうや／福岡県在住の高校３年生。小学校３年生からロボット教室に通い、「ヒューマンアカデミーロボプロ全国大会」で２大会（第4回、第5回）連続MVP賞を受賞。その他、「第19回福岡県高等学校理数科課題研究発表大会」最優秀賞、「令和五年度高校生課題研究発表会物理部門ポスター発表」アイデア賞に輝くなど実績多数。

第５章　子ども時代から「なりたい」を育む

101

第5章　子ども時代から「なりたい」を育む

仲間と取り組んだ
ボランティア活動で
こども家庭庁から表彰

Maple tree代表
高校1年生　小池 楓

両親の背中を見て自分にできることを考えた

　僕が代表を務めるボランティア団体「Maple tree」がこども家庭庁の表彰事業である令和5年度第1回「未来をつくる こどもまんなかアワード」で内閣府特命担当大臣表彰（未来をつむぐ「こども・若者」部門）を受賞しました。受賞したときはすごく嬉しかったですし、驚きすぎて言葉が出なかったです。僕たちがやってきた活動が認められたんだなと感激しました。

　原点は、僕の両親が食糧支援をしていて、その手伝いをしていたことです。廃棄される食材などをたくさん見ていて、「僕たちにもできることがあるはず」と思い、ロボット教室の生徒や学校の友達を巻き込んで、みんなと一緒に団体を立ち上げました。

　Maple treeの活動では、学校の長期休みを利用して、小学生・中学生を対象とした学習支援会を行ったり、県や市のイベントで「ロボットと遊ぼう」をテーマにワークショップを開いたり、ほかには食糧支援会などをしてきました。

　両親がロボット教室を運営していて、開講当初から習わせてくれているので、その経験が役立ったと感じています。

第5章 子ども時代から「なりたい」を育む

ロボット教室で自信をつけて大会に挑戦

　僕にとってロボット教室は、みんなと触れ合える場所です。通っている学校や学年に関係なく、仲間同士でワイワイできるのはすごく楽しいですし、「ロボットのことを教えてほしい」と言ってくれる子もいて嬉しく思っています。

　ロボット教室での学びを通して、パソコンを自作してみたり、学校の授業でも得意分野ができたり、物事の理解にも役立っていると感じています。こうした経験を通じて、さまざまなコンテストに挑戦し、ロボットの技術力を競う「クリエイティブロボティクスコンテスト2024」では、タイムアタックレース部門で準優勝をつかむことができました。

　でも、まだ準優勝です。優勝した子は、その場の状況を見て細かな調

103

整をしていたので、対応力で差がついたのかなと思っていて、これからは僕もそこを意識していこうと改めて感じました。

　2023年に出場したコンテストでは完走できず、1回戦で敗退して、すごく悔しい思いをしたので、完走できたことがすごく嬉しかったですし、賞をいただけて励みになりました。

　ほかにも山梨県のスピーチコンテストでは信玄公と上杉謙信のロボットを作って「川中島の合戦」を再現しながらスピーチをした結果、最優秀賞を、「山梨U-16プログラミングコンテスト」ではロボット教室で作った作品をさらに発展させて、審査員特別賞をいただくことができました。

　これからもロボット教室で培ったことを活かして、いろんなコンテストや活動に挑戦していきたいと思っています。

●こいけ・かえで／山梨県在住の高校1年生。小学校6年生のときに設立したボランティア団体「Maple tree」の活動が評価され、2023年に「第1回未来をつくるこどもまんなかアワード・内閣府特命担当大臣賞」に輝く。その他、「クリエイティブロボティクスコンテスト2024・タイムアタックレース部門」準優勝など受賞歴多数。

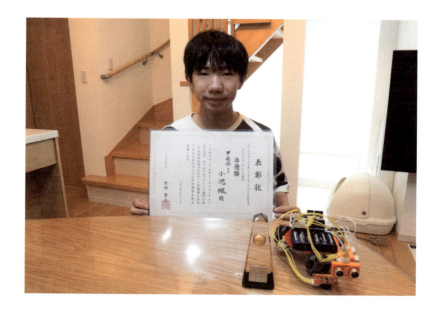

息子に習わせたい一心から
ロボット教室の開校を決意

有限会社
K.K.Company
代表取締役社長
小池 桂

ものづくりの経験を教室運営に活かす

　私は山梨県でロボット教室を4校開校しています。きっかけは2016年、息子の楓が小学校2年生のときに、妻から「これからの時代、ロボットとプログラミングは絶対必要になるから、楓をロボット教室に通わせたい」と相談されたことです。

　当時の山梨県にはロボット教室が1つしかなく、首都圏では教室が増えていることを妻が調べてくれました。運営会社に問い合わせると、「山梨で教室を開校してみませんか」と提案していただきました。

　もともと、私の実家はプラスチック加工の製造業をしていました。私も物心ついたときから機械やものづくりに触れ、製造業の道に進んでいたので、これまで習得してきた技術や経験が子どもたちの将来に役立つかもしれないと考え、妻と一緒に甲府南教室を開校することを決意しました。

自分で答えを見つける力を育む

　息子はロボット教室に入ってから、ものづくりに対して前向きに取り組むようになり、失敗を繰り返しながらも自分で答えを見つけられるようになっていきました。試行錯誤しながら結論へたどり着くプロセスは、粘り強く取り組む姿勢や人生観にもつながってきていると思います。

　親がロボット教室を運営していることで、息子も自然と自分が学んだことを年下の子に教えるようになり、インプット・アウトプットができてきたと感じています。人脈作りにも活かされ、素晴らしい方向に進んでいる姿を見て、誇らしい気持ちでいっぱいです。

　ロボット教室の生徒たちには、「ロボット教室に通ってよかった」と思ってもらいたいですし、将来、社会で活躍できる子に育ってほしいと願っています。そのためにも、全国大会やコンテストに積極的に出場して実績を積んでもらえるように、教室として最大限のサポートをするための努力を続けていきます。

●こいけ・かつら／有限会社K.K.Company代表取締役社長。山梨県でロボット教室、こどもプログラミング教室を4教室開校。毎年、生徒たちを全国大会へ送り出している名門校で、「未来を創る教室」と評価されている。新聞、テレビ、雑誌、ラジオ、SNS、チラシなどメディアでも多数取り上げられている。一般社団法人未来創生STREAM教育総合研究所（RISE）認定校。

第**5**章　子ども時代から「なりたい」を育む

たくさんの科学体験から
子どもたちに
学ぶ楽しさを伝えたい

科学教室「サイエンスゲーツ」
芦屋東山教室オーナー **神 愛**

科学体験を通して好奇心と探求心を育む

　昔から子どもの教育に興味があって、子ども向けの教育コンテンツを探しているときに、サイエンスゲーツを知りました。すごく楽しそうだと思い、フランチャイズオーナーとして教室を開いて、講師になることを決めました。

　サイエンスゲーツでは、身近な科学現象をテーマにした科学体験を通して、子どもたちの好奇心や探求心を育みます。STEAM教育の考え方を取り入れ、理数系分野を軸とする教科横断型の学びを提供していることも特徴です。

　私自身、子どもが体験を通して学ぶことの重要性は、わが子の中学受験で実感しました。たとえば、地球の自転と公転を教えるときは、文字中心の教科書だけでは理解しにくいだろうと考え、私が地球儀を持ってグルグル走り回って、イメージが湧くようにしました（笑）。すると、子どもの理解がぐっと深まったのです。幼いうちに体験から学ぶ楽しさを知っておくことは、とても大切だと思いました。

　現在は、兵庫県芦屋市と西宮市の2つの教室でオーナーをしています。生徒は5歳から小学4年生までの約30人、そのうち3分の1は幼稚園

106

生で、入会前から科学に対する興味や知識がある子が多いという特徴があります。「上の子が楽しく通っていたので、下の子も通わせたい」という親御さんの希望で入会してくれる子もいて、これからも生徒の数はどんどん増やしていきたいですね。

　小さい頃から科学の楽しさに触れて、自分の手で実験をしていると、目の前で起こっている現象が記憶に残ります。教室ではいつも、子どもたちが学校の授業で学ぶときに、「サイエンスゲーツでやったことがある！」と思い出してもらえるように、楽しい記憶をたくさん残してあげたいという気持ちで教えています。

どの仕事も本業と考え、全力で取り組む

　私は、サイエンスゲーツのオーナー・講師以外にも、ヨガインストラ

クター、貸しスタジオやクリニックの経営、ボランティア活動など、さまざまな仕事をしていますが、本業、副業という区別はなく、どれも本業と考え、全力で取り組んできました。

　自分の子どもが幼稚園に入る前までは専業主婦をしていました。その後、「何かを始めたい」と思い、ヨガインストラクターになりました。趣味でベリーダンスをしていて、カラダが硬いという悩みを解消するために初めて行ったヨガ教室で、「こんな素敵なものはもっと世の中に伝えなきゃ！」と感激し、その場でインストラクターの契約をして教える側になることを決めたのです（笑）。

　ヨガインストラクターの仕事では、幼稚園でキッズヨガを教えたこともありますが、その頃から、「子どもたちを楽しませる」ことは意識してきました。サイエンスゲーツでも、ただ勉強を教えるのではなく、「楽しませてあげたい」という想いが強くあります。教える内容がなんであれ、その気持ちに変わりはありません。子どもたちの成長を身近に感じられることが一番のやりがいになっています。

　親御さんからは、「毎回子どもが授業を楽しみにしているので、月2回ではなく毎週やってください」「こんな楽しい授業なら、私たちも小

さい頃に受けたかった」と言われることがあります。そうした声を聞くと、やはり嬉しいですね。

　ある女の子は、太陽系の授業がすごく楽しかったようで、小学校受験のときに太陽系の惑星の絵を描きました。小学校の先生から「こんな絵を描いた子は今までいなかった。すばらしい！」とほめられ、お母さんがとても喜んでいました。

とにかく、やってみないと始まらない！

　私は、いろいろなことに興味を持ちやすく、何でもチャレンジしないと気が済まない性格なのだと思います。わが子の中学受験のときはサイエンスゲーツ、ヨガ教室を体験したときはヨガインストラクターというふうに、少しのきっかけで、やりたいことが次々と増えていきます。それは、自分の目の前で起こる出来事を他人事ではなく、いつも自分事として捉えているからかもしれません。

　やりたいことができたときは、まず、それを実現したときの自分を想像します。そして、時間、知識、場所、人手、お金など、さまざまな視点から、実現して継続するためには何が必要かをノートに書き出します。そのうえで、「なんとかなりそうだ」と思ったら、とりあえず始めてみます。思案ばかりしていても、次の景色が見えてこないからです。

　足りないことがあれば足せばいいし、何か違うなら軌道修正すればいいだけです。最終的に、最初に想像したこととは違っていても、私にとってはそれが成功なのです。

　何か新しいことを始めたいのに何をしていいかわからない人は、少しでも興味のあることを見つけて、一歩踏み出してください。そこから見えてくることがきっとあるはずです。

●じん・あい／大学卒業後、総合商社勤務。その後、航空会社勤務を経て、結婚。２児の母。サイエンスゲーツの講師のほか、ヨガインストラクター、司会業、メディア出演、イベント運営、スタジオ経営、クリニック経営、ボランティアなど、多岐にわたり活動する。子どもから大人まで、みんなを笑顔にできるような仕事をしていくことを目標に日々励んでいる。

第**5**章　子ども時代から「なりたい」を育む

子どもたちの
考える力を伸ばし
未来を担う人材を育てたい

キッズロボ合同会社
代表 **高橋 留美子**

フランチャイズオーナーとして
子どもプログラミング教室を開講

　大学卒業後、最初は金融機関に就職しました。残業しないように効率よく業務をこなしていたのですが、固定給なので給料は一定です。工夫しても評価が変わらないことにやりがいを見出せませんでした。そこで、仕事をしながらパソコンスクールに通い、WEBデザインを学んで、WEB制作会社に転職しました。

　その後、結婚・出産を経て、社会復帰して何をしようか考えていたときに、ブランクのある女性が再就職することの難しさに直面しました。また、会社や組織で自分の意見を通す難しさを感じていたこともあって、「起業したい」という思いが次第に強くなっていきました。

　でも、私には会社経営の知識なんてありません。そこで、フランチャイズで経営していこうと決め、「フランチャイズ・ショー」に参加して、いろんな企業の話を聞きました。そのときに知ったのが、子どもプログラミング教室です。「自分の子どもにも習わせたい」「こんなに素敵な仕事があるんだ」とビックリしました。

　プログラミング教室の運営会社は、いくつか候補がありました。現在の運営会社に決めた一番の理由は、担当者の人柄です。ビジネスをして

110

いると、複数の選択肢から決断を迫られる場面があります。私はそうしたとき、自分の想いやインスピレーションを大切にしています。

担当者をはじめ、その会社の人たちが親身に対応してくれましたし、塾の中のコンテンツのひとつとしてプログラミングを教えているほかの会社とは違い、カリキュラムや教材がしっかりしていて、長く安心して学べる環境を提供できると思えたのです。フランチャイズオーナーになることに決め、2019年からプログラミングスクール事業を開始しました。

授業に没頭する子どもたちの姿がやりがいに

プログラミングの世界は、子どもたちの成長を数値で測ることが難しいのですが、一人ひとりの指導をしていくと、「質問のレベルが進化し

ている」と感じることがあります。そして、さらに成長すると質問をしなくなってきます。「先生は口を挟まないで！」と、自分で解決したい気持ちが芽生えるからです。

　うまくいかないことがあったときに友達同士で話し合って取り組んでいる姿を見ると、協力して問題を解決する力が育っていると実感します。それが「本当に成長しているな」と思える瞬間ですね。

　最近、『マインクラフト』のコースができて、体験会の参加者が増えました。『マインクラフト』は、小中学校のプログラミング学習教材としても使われている世界的に人気のゲームです。子ども受けがよい半面、ゲームができるという感覚で参加されてしまうと、授業が単なる遊びになりかねません。教室は楽しければいいわけではなく、プログラミング的思考力（ものごとを手順よく考える力）をしっかり身につけてもらう場所であるため、そこはブレないように徹底しています。

　講師の育成にも力を入れていて、教室としての想いを共有しながら、子どもたちの特性に合わせた個別指導ができる体制を整えています。たとえば、講師には授業前に「この子は自分で考えてできるはずだから、すぐに答えは教えないでね」などと伝えています。そうすることで、考える力がより高まるからです。

　子どもたちは90分間の授業が終わると、「もう終わりなの？」ととても残念な顔をします。時間を忘れるほど熱心に学んでいる姿を見て、教室を始めて本当によかったなと思います。

全国大会に出場できる生徒を輩出したい

　おかげさまで、生徒数も増えていて、生徒や保護者の方が新しい生徒を紹介してくれる流れができています。これは、子どもたちの満足度が高い証拠ですし、私のやりがいにもつながっています。

　私は、運営している5つの教室の生徒数を170名にするという目標を掲げていて、目標達成には各教室の認知度をもっと上げる必要があります。なぜなら、「前々から教室があることを知っていた」という家庭のほうが、体験会後の入会率が高いからです。地域に根づいている教室であることを認知してもらえば、安心感を持って通っていただけます。

　また、年に1回開催されるロボットプログラミングの全国大会に参加できる生徒を輩出したいと思っています。それができたら、周りの子たちの励みにもなりますし、すごく嬉しいですね。未来を担う子どもたちの成長を支えていくために、これからも子どもたちと真剣に向き合い、学ぶ楽しさを伝えていきます。

　やりたいことを見つけるためには、自分をよく知ることが大切です。今の自分が必要とすること、できること、興味があることの将来性や自分との相性を客観的に分析します。仕事は結婚相手と似ていて、熱い恋愛感情から始まって、結婚すると生活の一部になります。そのため、何か新しいことを始めるときは、自分の人生と伴走できるかどうかという視点も重要です。

　私は母に「成功してる人の真似をするのが一番の近道」と教えられました。真似ができると思えるなら、成功する可能性が高いので、自分を信じて、一歩踏み出してみましょう。

●たかはし・るみこ／キッズロボ合同会社代表。大手金融機関組織長育成マネージャー職にて人材育成と組織運営に携わる。WEB制作会社に転職し、DTP、WEBデザイナー業務を経験。結婚・出産を経て、2019年から自身の子育て経験を活かし、プログラミングスクール事業を開始。「未来のスキルを手に入れよう」をテーマに、4歳から社会人までを対象とするスクールを展開している。

第6章

日本に来て「なりたい」を決める

言葉の壁を越えて、新しい可能性を広げる力強さ。
日本で働く外国人たちが、どのようにして日本語を学び、
夢を叶えたのか。その努力と思いが詰まったインタビューをお届けします。
日本語を身につけることが、どれほど自分の世界を広げ、
人生にどんな変化をもたらしたのか。
彼らの経験は、きっとあなたの視野も広げてくれるはずです。

第**6**章　日本に来て「なりたい」を決める

次に叶えたい夢は
ミャンマーで
日本語学校を創ること

自動車整備士
アウン・チョウ・ピョー

日本に留学して自動車整備士になりたい

　私は母国ミャンマーの大学を卒業したあと、レストランを経営している社長の専属運転手として、5年ほど働いていました。社長やご家族の送迎中に車が故障することが何度かあり、何もできずに悔しい思いをしたことから、「自動車産業で有名な日本に留学して、自動車整備士になりたい」と思うようになりました。

　私の家の近所には、ミャンマーの日本大使館で10年間通訳の仕事をした経験を持つおじいさんが住んでいました。運転手の仕事の合間に、その方から日本語を教わり、日本語能力検定3級試験に合格することができました。

　一方、タクシーの運転手をしていた時期に出会った留学エージェントに留学費用を聞くと、決して安い金額ではありません。両親に相談して自分の想いを伝えると、費用を援助してもらえることになりました。「自動車整備士になる夢を叶えて、将来必ずお金を返す」と約束して、日本に来ることができたのです。両親には心の底から感謝しています。

　最初に日本へ留学すると決意したときから数年が経ち、私はちょうど30歳になっていました。

どんなに辛くても、あきらめない性格は母親譲り

　自動車整備士の国家試験に合格するためには、より高いレベルの日本語を習得する必要があります。そこで、来日して1年間は日本語学校に通いました。
　日本語学校ではよい先生に恵まれ、日本語だけでなく日本の文化も学び、毎日とても楽しかったですね。学費は親が払ってくれて、仕送りもしてくれましたが、足りない分はラーメン屋のアルバイトで穴埋めしました。
　クラスには、中国、ベトナム、ネパール、モンゴル、韓国、シリアなどからの留学生がいました。みんな日本語を習い始めたばかりで、辞書を片手にコミュニケーションをとり、お互いの夢を語りました。特に仲のよかったクラスメイトとは今でもSNSで連絡して、励まし合ってい

ます。

　日本語学校を修了したあとは、自動車整備士の国家資格を取るために、世田谷の東京工科自動車大学校に入学し、車の基本から日常点検や修理まで整備に関する知識と技術を学びました。

　学校では、学科と実技の試験が毎週あったり、わからない単語を辞書で調べているうちに授業がどんどん進んでしまい、先生の説明している箇所がわからなくなったり、国家試験の1か月前は毎晩遅くまで勉強するなど、とても苦労したのを覚えています。

　その甲斐もあって、二級自動車整備士（ガソリンとジーゼル）の試験に一発合格。卒業後は、愛媛日産の自動車整備工場に入社することができました。そこで2年間ほど働いたあと東京に戻り、品川で3年間トレーラー整備の仕事をして、現在はUDトラックス株式会社という会社でトラックの整備をしています。

　この仕事でやりがいを感じるのは、お客様から「ありがとう」と言われたときです。安全安心を第一に心がけながら慎重に整備したことが報われる瞬間で、お客様の笑顔を見ると疲れも一気に忘れてしまいます。

　一方、肉体労働なので仕事中に怪我をしたり、腰が痛くなったりと、体に負担がかかることも多いです。また、日本語が完璧ではないために、お客様や先輩・同僚とのコミュニケーションがうまくいかないこともありました。ストレスで円形脱毛症になったこともあります。

私は来日10年目を迎えようとしています。この間、ミャンマーでクーデターが起きたこともあり、帰国したのは一度だけ。家族と会えない寂しさから、母親には毎日のように電話をします。母親は私が弱音を吐くと、「自分で選んだ道ならとことんやり抜いて、それでダメなら帰ってきなさい。でも、中途半端であきらめてはいけないよ」と励ましてくれます。辛くてもあきらめない性格は、母親譲りなのかもしれません。

日本に10年いて見つかった新しい夢

　2025年には、日本の永住ビザを申請する予定です。永住ビザが取得できたらいったん母国に戻り、留学エージェントとして働きたいと思っています。ミャンマーには日本で働くことを希望する人がたくさんいるので、いつか日本語学校を創って、留学希望者に日本語を教えたいとも考えています。これが、今思い描いている私の新しい夢です。

　私は日本で自動車整備士になるために、たくさんのことを学びました。日本語学校ではクラスで一番年上だったこともあり、若い子たちに負けないように、みんなの3倍は努力したと思います。

　仕事で先輩から怒られたときは、同じ間違いをしないようにして、周囲から信頼されるように努めました。「もう、あきらめよう」と何度も思いましたが、その都度、私のことを信じて留学費用を捻出してくれた両親を思い出し、「まだ、やれる」と自分を奮い立たせてきたのです。

　夢中になれることが見つからない人は、どんなに小さくてもいいから目標を定めて、とにかく動き出すことが大切です。人は、行動を起こさなければ前には進めません。夢や目標に向かって頑張っている人には、「どんなに辛くても、あきらめずに努力を続ければ絶対にうまくいく」と伝えたいですね。

●あうん・ちょう・ぴょー／ミャンマーの大学を卒業後、タクシー運転手などを経て、30歳で日本へ留学。ヒューマンアカデミー日本語学校で学んだあと、東京工科自動車大学校に進学し、現在は自動車整備士として活躍中。

第**6**章　日本に来て「なりたい」を決める

40代後半になって気づいた
自分が本当に実現したい夢

バッグブランド「ROVETOM」
代表 **キム・ジェフン**

仕事をリセットしてアフリカを巡る旅へ

　私は大学生の頃からフォトグラファーとして活動し、ファッション広告の写真などを撮ってきました。大学で学生に写真を教えたり、自ら立ち上げた広告代理店の仕事をしていたこともあります。広告代理店では知人からの紹介で依頼を受け、主に韓国進出を目指す小規模ファッション企業のマーケティングやブランディングを手伝っていました。

　当時、私のビジネスはとても順調でした。しかし、仕事の量があまりにも増えすぎて、心身ともに疲弊してしまったのです。そこで、思い切って広告代理店の営業を停止し、フォトグラファーも休業して、アフリカを巡る旅に出ることにしました。

　2年間、地中海などで過ごし、それまでしてきた仕事を振り返りながら、将来について真剣に考えました。そのとき、自分がバッグにとても興味を持っていたことに気づいたのです。ファッション業界で写真や広告、マーケティングに携わった経験を活かして、バッグブランドを立ち上げることを決意しました。

　趣味でバッグのデザイン・製作をしていたとはいえ、仕事として本格的に始めるには、改めて技術や知識を学ぶ必要があります。40代も半ばを過ぎ、結婚もしていたため、パリやミラノなどファッションの本場に行くことは考えにくく、韓国から近い日本で学ぶことにしました。東

京なら独自のファッション文化が盛んで、当時の自分にはベストな選択だと思ったのです。

念願だった自分のバッグブランドを立ち上げる

　私は日本語をまったく話せなかったので、来日して1年間は東京にある日本語学校に通いました。

　日本語学校では、アジアを中心にさまざまな国から来た若者たちが夢を叶えるために勉強していました。クラスメイトとは年齢が離れていたこともあり、授業以外の接点は少なかったのですが、とてもよい人たちばかりでした。担任の先生にも、とても感謝しています。いつも学生たちを気遣ってくれて、日本人特有の温かさを感じました。

日本で暮らしてみて、日本人はルールを尊重し、相手を気遣う姿勢が素晴らしいと感じました。図書館で勉強していたとき、小学校低学年の子どもが机の上の消しゴムのカスをきれいに片づけて帰る姿を見ました。それだけでもすごいのに、迎えに来たお母さんが片づけを静かに見守っていて感動しました。私も同じくらいの子どもがいるので、見習わせたいと思いました。

　その後、日本語学校を卒業した私は服飾専門学校で3年間学び、現在は韓国で自分のオリジナルブランドを立ち上げて、バッグのデザインから製作、販売までを一人で手掛けています。

　ブランド名は「ROVETOM（ロブトン）」です。「ROVE」は旅するという意味、「TOM」は東京で授かった子どもの名前から取りました。世界を旅して、いろいろな経験を積み、成長する。自分の子どもにもそんな人生を送ってほしいという願いを込めています。

　ブランドロゴはニワトリをデザインしたもので、服飾専門学校の授業で私が手縫いで作ったものがベースになっています。GUCCIのデザイナーから研修を受ける機会があり、そのときにすごく評判がよかったので、このデザインを使うことにしました。

　バッグは、頭の中で思い描いた通りに仕上がるわけではありません。それでも自分が納得できるデザインになったときは、言葉にできないほどの達成感が得られま

す。それがこの仕事の一番のやりがいです。

完成したバッグはオンラインで販売していて、広告やSNSを活用し、インフルエンサーに協力してもらいながら、宣伝しています。ファッション業界で仕事をしてきた経験を活かして、たくさんの方に広めていきたいと思っています。

いつか後悔するくらいなら年齢にかかわらず挑戦を！

やりたいことが見つからない、やりたいことはあるけどうまく実現できないときは、まず自分を知ることが重要です。自分がどういう人間なのか、幼少期や学生時代はどういう子どもだったのか、何が好きだったのかに気づくことで、そこからすべてが始まります。

私はフォトグラファーになるために大学院まで行って、写真やファッションに関わる仕事をしてきました。でも、途中から自分が本当にやりたいことは何なのかを見失い、とても悩みました。すべてをリセットしてアフリカへ旅立ち、日常から離れてじっくりと自分を見つめ直したおかげで今の自分があります。

長い人生では誰でも迷うことがあるでしょう。迷ったら立ち止まる勇気も必要です。何かを始めるのに遅いということはありません。私のように40代後半になってからでも新たな夢や目標を見つけ、そこに向かって行動を起こせるのは、とても大事だと思います。

その行動をするかどうか判断する基準は、時間が経ってから後悔するかしないかです。後悔しないと思えるなら、行動する必要はなく、少しでも後悔するかもしれないと感じるなら、年齢に関係なくチャレンジすべきです。それがきっと、やりたいことの実現につながるはずです。

●きむ・じぇふん／韓国の中央大学校大学院広告写真専攻修了。漢南大学での写真学講義や広告スタジオ運営、ファッションブランド広告撮影、広告代理店運営など、幅広い経験を持つ。Polo、Guessなど多数のブランドの広告企画制作に携わり、サムジファクトリー展やGucci world competition finalにも参加。引退後、世界を旅し、ヒューマンアカデミー日本語学校、文化服装学院バッグデザイン専攻を卒業後、オリジナルバッグブランド「ROVETOM」を立ち上げる。

第**6**章　日本に来て「なりたい」を決める

言葉は文化、学ぶことで
自分の世界が広がっていく

国内旅行会社勤務
ビルセン・ヤシャム・セリン

日本人観光客が数多く訪れるトルコの世界遺産で育つ

　私は世界遺産に登録されているトルコの観光地カッパドキアで生まれました。カッパドキアは絶景の大奇岩や地下都市、気球ツアーが有名で、国内外から年間数百万人の観光客が訪れます。日本人もたくさん観光に来ていて、私の家の周辺には日本人と結婚している人も住んでいました。

　私の両親の親友も日本人で、子どもの頃はよくその方の家に行き、折り紙を教えてもらったり、日本食をご馳走になったり、トルコ人と日本人のハーフの子と遊んだりしていました。母親がお土産屋さんを営んでいたことから、日本人観光客と話す機会もあって、日本語や日本文化はとても身近な存在でした。

　また、子どもの頃から『NARUTO-ナルト-』『鋼の錬金術師』など、日本のアニメを観て育ち、学生の頃は大好きな『美少女戦士セーラームーン』『ラブライブ！』のコスプレをしてSNSに写真をアップしていました。

　日本語を話せるようになって、日本に行きたいという強い想いから、大学は日本語や日本文学を学ぶ学科を専攻し、4年生のときに国費留学の試験を受けました。でも、残念ながら結果は不合格。トルコで国費留学できる学生は年間10人くらいしかいないので、仕方がなかったのかもしれません。

　それでも私はあきらめきれず、わざと留年し、1年間の猛勉強の末、

2度目のチャレンジで合格しました。2019年10月に東京学芸大学の留学生として日本に行くことができ、夢が叶って本当に嬉しかったですね。

TikTokフォロワーの投げ銭で2度目の留学を実現

　東京学芸大学に入学して3か月ほど経つと、新型コロナウイルスのパンデミックが起き、ほとんどの授業はオンラインで受けました。それでも、初めての日本の生活はとても楽しかったです。
　大学では日本語の文法や漢字を学び、日本の迷信に関する研究をしたほか、小学生や高校生と交流する機会があり、太鼓などの日本文化を体験しました。
　楽しかった11か月の留学期間を終え、帰国してからは大学を卒業し、

観光ガイドの資格を取るために2年間専門学校へ通いました。

　トルコは大きく7つの地域に分かれていて、観光ガイドをするためには地域ごとに資格を取る必要があります。当時は、日本人観光客向けのガイドをしたいと考えていたため、日本人がよく訪れる3つの地域に絞り資格を取りました。専門学校では座学だけでなく、実際に観光地を旅行しながらガイドに必要な知識を学びました。

　その後は、再び日本に行きたい気持ちが高まりました。今度は日本で働くことが目的です。就職先を探すために日本語学校に通うことを思いついたものの、そのためのお金がありません。

　そこで、TikTokのライブ配信で、「大好きな日本で働きたい」という夢を語りました。私のTikTokフォロワーは4万人、そのほとんどが日本人です。驚いたことに、自分の想いを何度も訴え続けていると、みんなが応援してくれて、投げ銭だけで1年間東京で暮らせるくらいの生活費と学費が貯まりました。まさに奇跡が起きたのです。

　日本語学校では、多国籍の生徒とコミュニケーションをとりながら一

緒に課題に取り組み、日本人が大切にしているチームワークを学びました。大勢の前で自分の意見を発表したり、特定のテーマについてみんなで議論したり、大学の語学教育では教わらない、日本語で話すスキルが身につきました。

旅行会社を起業してトルコの魅力を伝えたい

2024年9月から日本の旅行会社で働いています。日本語学校に通うようになって、いつか日本で旅行会社を起業し、トルコに来たことがない日本人にトルコの魅力を伝えたいと考えるようになりました。その実現に向けた第一歩として旅行会社に就職したのです。

まだまだ覚えることはたくさんありますが、面接のときに「勉強は得意なので任せてください」と宣言したこともあり、1日も早く一人前になるための努力を続けています。

私はこれまで自分のやりたいことを実現するために、頑張ること、あきらめないことを大切にしてきました。ただ、どんなに夢のためだからといって、楽しくないこと、興味のないことは続きません。

やりたいことが見つからない人は、自分が好きで興味のある分野で、勇気を持って新しいことにチャレンジしてください。自分の人生を振り返り、何をしているときが楽しかったのか、何に興味を持っていたのかを思い出せば、自分らしい夢が見つかるはずです。私のおすすめは語学を学ぶことです。言葉は文化なので、自分の世界を広げてくれます。

今の仕事が軌道に乗ったら、TikTokを再開し、大好きなコスプレをアップしていきます。それと、トルコ人を代表するタレントとして、日本のテレビで活躍したいとも思っています。絶対にあきらめず頑張り続ければ、夢はきっと叶うと信じています。

●びるせん・やしゃむ・せりん／トルコ出身。大学で日本語・日本文学を専攻し、2019年に東京学芸大学に国費留学。卒業後、トルコの観光専門学校で学び、観光ガイド資格を取得。TikTokライブ配信での活動を経て、再度日本へ留学し、日本語を磨く。現在は、日本の旅行会社で勤務。

第6章 日本に来て「なりたい」を決める

2人で生きていくために最善の選択をする

機械設計エンジニア **レン・イリョウ**
フリーター **オウ・カキ**

日本語学校で生涯のパートナーに出会う

　私は台湾出身で、大学では機械工学を専攻していました。卒業後は世界的に工学技術のレベルが高いドイツか日本の大学院で、もっと勉強したいと考えていましたが、ドイツは生活文化が違いすぎるため、日本に行くことにしました。野球が好きな私にとって、同い年の台湾の選手が千葉ロッテマリーンズに入団したことも、日本を選んだ理由のひとつです。

　大学卒業後、兵役を終え、2017年1月に来日し、まずは日本語学校に入学しました。日本語のコミュニケーションスキルを磨き、大学院の入学準備、面接対策をするためです。そこで出会ったのが、のちに結婚することになるオウです。

　中国から来ていたオウも、日本語学校で日本語を学んだあと、大学院の進学を目指していたので、話が合いました。異国の地で悩みや困りごとがあっても、母国語が同じオウに相談し、互いに励まし合いながら乗り越えていくうちに、頼もしい相棒のような存在になりました。食べ物の好みが似ていたことも、2人の距離感が縮まった理由だと思います。桜の時期に一緒にお花見に行き、居酒屋で告白して付き合うことになったのですが、日本に来て本当によかったと思いました（笑）。

　その後、私は福岡県北九州市にある早稲田大学大学院情報生産システ

128

ム研究科へ進学が決まりました。オウも同じ地域で進路を探して、北九州市立大学大学院に無事合格。一緒に東京から北九州市へ引っ越しました。

福岡で就職し、システムエンジニアとして活躍

　日本で就職するかどうかは、「チャンスがあれば」くらいの軽い気持ちで考えていました。でも、オウから「日本で就職せず、台湾と中国に帰国すると、離ればなれになってしまう」と言われ、日本で就職することを決意。FA（ファクトリー・オートメーション）システムの設計をしている福岡の会社に入社し、人手不足に悩む工場などに対して、現場の状況やコストなどを踏まえながら、効率的に生産できるシステムを提案・開発する仕事を任せてもらっていました。人の手を借りて30〜40

分かかる作業をロボットで全自動化するなど、システムエンジニアとして毎日がとても充実していましたね。

一方、大学院で社会心理学を学んだオウは、留学経験と専門性を活かして、海外からの留学生と企業をマッチングする人材派遣会社に入社しました。そして、就職から4年後の2024年4月に結婚しました。

ところが、私の会社が方針転換でロボット部門から撤退することになって、他部署へ異動することに。新しい仕事は専門外で興味を持てず、インターネットで見つけた新潟県の会社に転職することにしました。その会社は、米や野菜などの生産から収穫までをすべて自動化するシステムを作っています。

私もオウも新潟は行ったことがありません。不安はありましたが、2人ともまだ30代と若く、失敗してもやらないよりはいいと考え、思い切ってチャレンジすることにしたのです。オウは、「自分は専門スキルがあるので、ほかの場所でも仕事はいくらでも見つかる。でもレンの代わりはほかにいない」と言ってくれて、一緒に新潟へ引っ越し、新しい人生をスタートしました。

自分が作ったシステムで台湾に貢献したい

　仕事にはモチベーションが大切です。お給料が高いからといって、やりたくない仕事や好きではない仕事に就いたら、続かないでしょうし、幸せな人生にはなりません。

　やりたいことが見つからない方は、どんどんチャレンジしてみればいいと思います。やりたいことが見つからない原因のひとつは、「知らない」からです。人生は長いので、焦らず、いろいろなことにチャレンジする中で、「これは好きだな」「これは楽しそうだ」という素直な気持ちを知り、真剣に取り組めることを見つけていけばいいと思います。

　オウはよく、「やりたいことがわからないときは、やりたくないことを考えればいい」と言っています。大学院へ進学するときも、転職で新潟へ行くときも、「レンと離れるのは嫌だ」と言って、離れなくていい方法を考えてくれました。オウには、本当に感謝しています。

　私は人に語れるような大きな夢や目標はなく、オウと2人で穏やかに暮らしていくことだけが今の願いです。一方、日本で農業を効率化するシステムを作って、安くておいしい農作物が生産できるようになったら、その技術を台湾に持ち帰りたいという想いもあります。

　台湾は40年後に農業の労働力が今の半分になると言われています。中国も少子化が進んでいるため、労働者不足に悩む時期がきっとくるはずです。いつか自分が手掛けたシステムで日本と台湾の架け橋になれたらいいですね。

●れん・いりょう／台湾出身。台湾の大学を卒業後、2017年に来日。ヒューマンアカデミー日本語学校で日本語を学ぶ。その後、早稲田大学情報生産システム研究科を卒業し、現在は新潟県で機械設計エンジニアとして活躍する。

●おう・かき／中国出身。中国の大学を卒業後、2017年に来日。ヒューマンアカデミー日本語学校で日本語を学ぶ。その後、北九州市立大学大学院社会システム研究科を卒業し、現在は新潟県でフリーターをしながら、夫との生活を支えている。

第**6**章 日本に来て「なりたい」を決める

苦しくても
あきらめないことが
なりたい自分になれる近道

ホテルフロントスタッフ
キム・ジフン

違和感のあった大学生活を留学でリセット

　私は韓国出身で、初めて日本に来たのは大学2年生のときです。大学では、工場や建築現場の安全管理方法、安全を守るための法律などを学ぶ安全工学を専攻していたのですが、もともと文系だった私には授業が難しすぎて、このまま大学にいていいのか悩んでいました。

　そこで、一度立ち止まって、自分が本当は何をしたいのかを見つめ直してみると、海外留学が頭に浮かびました。長い人生の中で一度くらいは海外で暮らしてみたいと思ったのです。留学に関する情報などは何も知らなかったため、留学エージェントに相談し、大学を休学して留学することを決めました。

　留学先に日本を選んだのは、『機動戦士ガンダム』が好きだったからです。最初はプラモデルがかっこよくて夢中になって作っていたのですが、アニメに登場するモビルスーツだと知ってからは、アニメシリーズもたくさん見て、そこから日本に興味を持つようになりました。

　両親に留学のことを伝えると、最初は反対していましたが、最終的には、「そこまで言うなら学費だけは出してあげるから、行ってこい」と送り出してくれて、東京にある日本語学校に入学することになりました。

就職活動中に100年に一度のパンデミック

　日本語学校の授業はとても楽しかったですね。留学して楽しい学生生活を送りたいと思っていたので、その学校を選んで大正解でした。さまざまな国から来た生徒たちと交流したり、日本の文化に触れたりして刺激を受けました。

　日本語はアニメで聞いていたので、「簡単な挨拶や日常会話くらいはできる」と根拠のない自信があったのですが、今振り返ると、全然できていませんでした。文法や会話、聞き取りなど基本を丁寧に教えてもらい、きちんとコミュニケーションがとれるようになりました。

　クラスメイトからは、「委員長」と呼ばれていました。いつも授業が

始まる前になると、前回の授業や宿題の内容を積極的に教えていたからです。でも、本当のところは、忘れっぽい自分のために、しっかりメモしていただけなんです（笑）。

それでも、「真面目に勉強している」という理由で、先生から推薦され、入学式でスピーチをする在校生代表に選ばれました。この経験のおかげで、人前で堂々と日本語が話せるようになったと思っています。

卒業後、韓国に戻るかどうかはとても悩んだのですが、日本に残ることにしました。当時の日本は東京オリンピックの開催を控えていて、観光業界でバイリンガルの求人が増えると聞いていたので、「このまま日本に残って観光ビジネスを学び、韓国語と日本語の語学力を活かして日本で働くのもいいな」と考えたからです。大学は退学し、観光系の専門学校に入学することを決めました。

ところが、専門学校に入学した1年後、新型コロナウイルスのパンデミックが起きました。ホテル業界に絞って就職活動をしていたのですが、コロナ禍で大打撃を受けて求人が激減し、卒業後も就職先はなかなか決まりません。途中、飲食店で正社員として働きながらも、「あきらめたら努力が無駄になる」と思い、ハローワークで求人を探し続けました。母親からは、「ゴールデンウィークまでに就職が決まらなかったら、観光でもして帰ってきたら」と言われ、帰国を考えるようになっていました。

あきらめない強い気持ちが夢を現実に

ゴールデンウィークの前日、友人たちと家で焼肉パーティをしていると、1本の電話がかかってきました。最後にあと3社だけと応募していたうちの1社からで、採用決定の通知でした。タイムリミットぎりぎりの吉報にその場は大盛り上がりで、友人たちも「こいつ、やりやがったよ！」と喜んでくれて、本当に嬉しかったですね。

現在は東京にあるホテルに勤めて2年半が経ちました。フロント係として、お客様のお出迎えや予約システムの操作、会社のブログ記事作成などを行っています。ミスをしてくじけそうになる日もありますが、お客様から「ありがとう」と言われるたびに、やりがいを感じます。

先日も常連のお客様が「キムさんがいると安心できる」と言ってくださりました。シフト制の不規則な勤務体系は大変なこともありますが、ホテル業界で働くなら当たり前のことなので、苦労とは思っていません。

私が日本への留学、希望していたホテル業界での就職を実現できたのは、あきらめない強い気持ちがあったからです。

私は大学生活に疑問を抱き、海外経験をしたいという理由だけで日本に来ました。そのときは就きたい職業も将来の夢もなく、現実逃避に近かったのかもしれません。でも、日本に来て日本語や観光ビジネスを学び、いろいろな人と出会うことで、次第にやりたいことが定まっていきました。新しい行動を起こし、その経験を無駄にしたくなかったからこそ、100年に一度のパンデミックという不運の中でもあきらめずに、夢を追い続けることができたのです。

どんなに苦しくてもあきらめないこと、そして、新しい行動を起こすこと。この2つがなりたい自分になれる近道だと思っています。

●**きむ・じふん**／韓国の大学で安全工学を学び、大学系2年生のとき、日本に留学。日本語学校で勉強後、日本の観光系の専門学校へ進学し卒業。現在は東京にあるホテルのフロント係として活躍中。

第7章

海外で見つけた 「なりたい」を 叶える

この章では、海外留学を通して「なりたい自分」を見つけ、
目標に向かって挑戦を続けてきた5人にインタビューをしました。
ニューヨークでファッションビジネスを学び、
自分のバッグブランドを立ち上げた人、
日本に帰国してカナダ留学の経験を活かしながらグローバル企業で活躍する人など、
彼らの成長を通して、夢を実現するヒントを探ります。
日本から世界へ視野を広げた先に見えたものとは？

第7章　海外で見つけた「なりたい」を叶える

与えられたチャンスには常に「イエス」と答えて挑戦する

バッグデザイナー兼コンテンツクリエイター
石井 日奈子

ニューヨークでファッションビジネスを学びたい

中学1年生のときに出会った英語の先生がとても素晴らしい方で、その影響を受けて英語が大好きになった私は、アメリカ留学に憧れを抱くようになりました。中学2年生になると、夏休みを利用して短期留学するクラスメイトがいて、「私も短期留学したい」と両親に頼んだのですが、「短期留学は遊びになるし、お金がかかる」という理由で許してもらえませんでした。それでもアメリカへの憧れは募るばかりで、当時はすごくもどかしかったですね。

転機が訪れたのは、高校2年生のときです。進路をどうするか悩んでいたら、留学に必要な英語スキルを学びながら、海外の大学を目指せる予備校があることを知ったのです。私は「絶対にここに入る」と決意し、すぐに申し込みました。短期留学には反対だった両親も海外大学への進学には理解を示し、私の夢を応援してくれました。

予備校は今でも入り直したいと思うくらい学習環境が整っていました。同じクラスで切磋琢磨した友人たちは意識の高い子ばかりで、今も連絡を取り合う私の一生の宝です。

留学先をニューヨーク州立ファッション工科大学（FIT）に決めたのは、

予備校のカウンセラーさんから「留学するなら5年後、10年後のビジョンを考えることが大事」とアドバイスされたことがきっかけです。子どもの頃から興味があったファッション業界に進みたいと考え、マンハッタンにある世界的に有名な名門ファッション大学を選んだのです。

とはいえ、海外経験がない私が高校卒業後すぐFITに入るのは難しく、カリフォルニアにあるパロマカレッジで2年間ファッションの基礎や英語を勉強したあと、編入試験に合格して夢を実現しました。

卒業までの留学資金を確保するために バッグブランドを起業

FITではファッション業界の広告やマーケティング、セールプロモーションなどを学びました。一番楽しかったのは「ブランドの作り方」という授業です。SWOT分析などのフレームワークを使いながら、ブランドのコンセプトやターゲットを考え、パワーポイントでプレゼン資料を

作って発表しました。

　授業以外では、ニューヨークで毎年２月と９月に開催されるファッションウィークに参加できたこと、有名ブランドのインターンをして、サラ・ジェシカ・パーカーやジェニファー・ローレンスなど、セレブのスタイリングアシスタントをさせてもらったことがいい思い出です。

　一方、円安もあって物価の高さには苦労しました。ニューヨークは人脈が命なので付き合いで食事などに行くと、すぐにお金がなくなってしまいます。インターンは有給のものを勝ち取るのが難しく、無給だったため、授業の課題に追われながらアルバイトをいくつか掛け持ちしていたのですが、それでも卒業までの留学資金が底をつき、両親からは「もう日本に帰ってきなさい」と言われました。でも、卒業をあきらめるわけにはいきません。

　そこで、ハンドメイドバッグのブランドを立ち上げました。FITの学生やニューヨーク在住の日本人主婦の力を借り、手編みのバッグを作って販売したのです。「FITの学生が起業した」というストーリーをSNSで発信し、フォロワーを集めてファンを増やした結果、これまでに約300個が売れました。いつか日本に進出して伊勢丹でポップアップストアを出店したいと思っています。

やりたいことのヒントは子どもの頃の興味関心にある

　ニューヨークで活躍している人は、仕事に真剣に取り組み、プライベー

トも充実させ、ハードではなくスマートな働き方をしています。その姿に刺激を受け、私も同じようになりたいと願っています。

私は今、就職活動中で、ハイブランドの広報を目指しています。同時に、自分のバッグブランドをもっと成長させたいとも考えていて、この2つの夢をしっかりと実現していきたいですね。

ほかにもやりたいことはいっぱいあって、私と同じような留学生の支援やファッショントレンドを発信するメディア関係の仕事、日本のアパレル企業が北米進出する際のコーディネートなどに興味を持っています。いずれも、いつかは事業化して本格的な仕事にしたいです。

もし、やりたいことが見つからないと悩んでいる人がいたら、「子どもの頃を思い出してみて」とお伝えしたいです。私が今やっていることの多くは、おばあちゃんに教わった編み物や好きで読んでいたファッション雑誌など幼少期の興味関心がベースになっています。自分がどんなことにワクワクしていたかを思い出してみると、やりたいことのヒントが見つかるかもしれません。

私はたくさんの人に出会って自分をアピールすること、与えられたチャンスには「イエス」と答えて挑戦することを心がけています。無給の仕事でも、地味な作業でも何でも引き受けて、そこから何かを学びたいからです。

ファッション業界は華やかに見えますが、1日中マネキンを変えたり、ひたすらダンボールを壊したりする裏方がいます。こうした作業にも意味を見つけて懸命に取り組むと、必ず誰かがその姿を見ていて、チャンスを与えてくれます。

出会いと挑戦、そして真剣に努力を続けていくことが、やりたいことを実現する近道だと思っています。

●いしい・ひなこ／高校卒業後、アメリカ・カリフォルニア州にあるパロマカレッジ（ファッションマーチャンダイジング専攻）を修了後、ニューヨーク州立ファッション工科大学（FIT）でファッションビジネスマネジメントを学ぶ。ファッション業界でのインターン、セレブリティのスタイリングアシスタントを経験。自身のバッグブランドを立ち上げ、SNSで注目を集める。現在はニューヨークを拠点に、コンテンツクリエイターとして活躍。

第**7**章　海外で見つけた「なりたい」を叶える

たくさんの魅力的な出会いが 人生をポジティブに変えた

アマゾンジャパン合同会社
ファイナンシャルアナリスト 松山 隆

同じことを叶えさせてやれる立派な人間になりなさい

　僕が海外の大学へ進学したいと思い始めたのは、高校1年生のとき、京都府の留学支援事業でカナダ・バンクーバーへ1か月間の短期留学をしたことがきっかけです。その際、ブリティッシュコロンビア大学のオープンキャンパスに参加したのですが、大学周辺の街並みが美しかったのと、世界中から集まった優秀な学生が楽しそうに学んでいる姿を見て、「こんな環境で勉強したい」と憧れました。

　でも、地方の高校生にとって海外留学なんて、夢のまた夢です。一度はあきらめましたが、高校3年生のときに転機が訪れました。大阪で参加した大学合同説明会で、海外難関大学の留学をサポートする進学予備校の説明を聞いたのです。「ここに通ったら海外留学も夢じゃない」と確信し、絶対に入学すると心に決めました。

　それからは、英語だけは学年でトップをとるほど猛勉強して、両親を成績と熱意で説得しました。当初から反対していた父親は、「お前がそこまで留学したいなら行かせてやる。その代わり、将来結婚して子どもができたら同じことを叶えさせてやれる立派な人間になりなさい」と、背中を押してくれました。

　父親のことは今もめちゃくちゃ尊敬しています。あそこまで自分の気持ちをさらけ出して両親に何かお願いしたのは、あのときが初めてだっ

第7章 海外で見つけた「なりたい」を叶える

たと思います。そして、高校3年生の10月から半年間、予備校に通って海外進学の準備を進めました。

　予備校のカリキュラムには、英語論文の書き方やディベート、ディスカッションの手法など、実際に海外の大学へ進学したときに必要となる実践スキルが組み込まれています。同じ志を持った仲間と一緒に学べたことも、モチベーション向上に役立ちました。

　具体的な進路は、まずアメリカ・ワシントン州にあるグリーンリバーカレッジという2年生大学へ進学しました。そこで2年間学んだあと、僕の目指すゴールであるブリティッシュコロンビア大学へ編入して、カナダ留学を実現させる計画でした。

どんな経験もすべてが自分の糧になる

　留学してからは必死で勉強しました。大学への編入は、ほぼ授業の成績で決まるので、テスト前は1日12時間くらい勉強していましたね。大学編入で評価のポイントになる課外活動にも積極的に取り組みました。その甲斐あって、2年後にはブリティッシュコロンビア大学の編入試験に見事合格。不動産ファイナンスを専攻し、憧れていたカナダでのキャンパスライフをスタートさせました。

　不動産ファイナンスを専攻したのは、バンクーバーの都市開発力に興味があったからです。短期留学のときと街並みが全然変わっていて、バンクーバーの高い成長性の裏に何があるのか、それを学びたいと思いました。あとは、宅建資格を取得して現地での就職を有利にしたいという思いも大きかったですね。

　とはいえ、ファイナンスやマーケティングは机上だけではなかなか身につきません。そこで、思い切って大学4年生になる前に1年間休学して、東京のスタートアップ企業でインターンとして働き、日本で活躍したい海外の学生と日本の企業をマッチングさせる採用サポートの仕事をさせてもらいました。

　復学後はインターンの経験を活かし、友人と一緒にNPOを立ち上げて、カナダに来る留学生のためのコミュニティを運営しました。仲間と一緒

にカナダの自然や文化を体感できるイベントを企画するなど、楽しい思い出になりました。

　一方、就職活動は苦労の連続で、現地で働くことを目指していたものの、うまくいっていませんでした。そこで、気分転換にバックパックを背負い２か月間アジア諸国を放浪する旅に出かけ、そのときに、「日本でグローバル企業に就職する」というアイデアが浮かびました。

　すぐに日本に戻り、海外大生のための就職・転職イベント「ボストンキャリアフォーラム」に参加。アマゾンジャパンから内定をいただいて、ようやく長いトンネルから抜け出せた気がしました。

まずは行動、迷ったらワクワクするほうを選ぶ

　アマゾンジャパンでは、ファイナンシャルアナリストとして、売上・収益調査、中期経営計画の策定などを担当しています。まだ入社間もない自分が、ディレクタークラスの方々とひざをつき合わせてディスカッションができる環境に、大きなやりがいを感じています。いつかシアトルにあるアマゾン本社で働くことを目標に、アメリカの公認会計士の資格取得に向けた勉強も始めています。

　僕が自分の人生にポジティブになれたのは、言葉も文化も異なる国の友人たちとともに学び、大学や現地の日本人コミュニティ、インターン先などで「あの人のようになりたい」と思える魅力的な方にたくさん出会えたからです。この経験は人生の宝となりました。

　僕は、「まず行動してみる」ことを大事にしています。ただし、行動には「なぜ、それをするか」の動機や目的も必要です。そして、迷ったときは、自分がワクワクするほうを選びます。それがきっと、なりたい自分への近道だと信じています。

●**まつやま・りゅう**／高校卒業後、アメリカ・ワシントン州にあるグリーンリバーカレッジのビジネス科に進学。カナダ・ブリティッシュコロンビア大学へ編入し、経営学を専攻。卒業後は、アマゾンジャパン合同会社に入社し、ファイナンシャルアナリストとして勤務。

145

第**7**章　海外で見つけた「なりたい」を叶える

グローバルな活動を通して
動物倫理の
課題解決に挑む

CITES Global Youth Network
日本代表　**田中 奏子**

日本で学べないなら海外へ行くしかない

　私は、中学3年生のときにトロフィーハンティング（娯楽目的で野生生物を狩猟し、頭部や毛皮をインテリアなどのため持ち帰る行為）に関するニュースを見て、野生動物の保護やアフリカの狩猟問題に興味を持ち始めました。動物の死体と一緒に記念撮影をしたり、他動物をモノのように扱ったりすることに対して、倫理的に問題があると感じ、不合理に動物が命を失う現状を少しでも変えたいと思ったのです。

　高校生になると、将来はそれらの動物の保護に関わる仕事に就きたいと考えるようになりました。しかし、日本には学びたい分野を学ぶことができる大学がありません。日本で学べない＝あきらめるのではなく、調べ続け、海外の大学で学ぶという選択肢を見つけて、まずは海外難関大学の留学をサポートする進学予備校に入ることにしました。

　当時の私は、maleとfemaleの区別がつかないほど英語が苦手でした。予備校の授業は日本語が禁止されていて最初は苦労しましたが、猛勉強の末に「聞く」「話す」「読む」「書く」の４技能が上達しました。受験のためではなく、自分のやりたいことや目標を実現するための勉強だったため、英語を学ぶことが初めて楽しいと思えましたし、ほめて伸ばす

スタイルの教え方も自分に合っていました。

留学先は、動物保全保護の先進国であるオーストラリアのサンシャインコースト大学を選びました。専攻は動物生態学、副専攻として地学を選択し、夢の一歩を踏み出すことができたのです。

自分の意見を押し付けるだけでは何も解決できない

大学では、細胞生物学や海洋生態学、動物生理生態学、絶滅危惧種とその保護、科学的研究の手法、環境マネジメント、気候変動、地理情報システムなど、多岐にわたる分野を学びました。

特に印象に残っているのは、Geo-ethics（地球倫理学）の授業です。その授業では毎週異なる動物倫理問題をテーマに学び、最新の論文を読み、討論を行いますが、先生が生徒の意見とは真逆の倫理観を提供して

くれ、多角的な視点を養えました。この経験のおかげで、世の中は善悪を明確に分けられるほど単純ではないことに気づき、意見や法律をただ押し付けているだけでは何も解決できないことを理解しました。浅はかだった自分の視野を広げることができたのです。

また、最終課題で提出した象とサイの密猟に関する私のレポートがトップ評価を得て、授業で模範例として活用されることになりました。次年度の生徒たちに読んでもらえるので、とても嬉しく思っています。

一方、海外留学1〜2年目は、とても孤独でした。アジア人が少なかったこともあって、クラスで避けられてしまったのです。それでも、「遊びに来たわけじゃない」「学ぶことが第一目標」と、自分に言い聞かせて乗り越えました。3年目以降は英語が上達したこともあって、次第に友達も増えていきました。

無事卒業して帰国すると、将来の心配から留学に反対していた両親の態度が一変していて、「夢を貫きやり通したことを誇りに思う」と大喜び。人間って面白いなと思います。自分の信念を貫いて結果さえ出せれば、人からの目線は変わるのだと改めて気づかされました。

2025年からは東京農工大学大学院農学府環境倫理学研究室へ進学します。卒業後の進路に迷っていたときに研究室の先生の論文を読んで感銘を受けたことから、直接お会いして「トロフィーハンティングの動物倫理を研究したい」と伝えると、許可していただけたのです。2年間の修士課程を経て、より高い専門性を身につけたいと思っています。

自分の道を貫き、歩み続けることが大事

　私は、2024年４月に発足したCITES Global Youth Network（CGYN）の日本代表メンバーとしても活動しています。CGYNはワシントン条約のユースグループで、発足時は18〜30歳までの31か国41人がシンガポールに集まり、ユースリーダー会議が開かれました。私はインターンをしていた認定NPO法人野生生物保全論研究会（JWCS）の推薦を受けて選抜され、その後はCITES Japan Youthを設立して、種の保存法に関する改正提言書を作成したり、セミナーを開催したりしています。

　将来、どのような職業に就くかはまだ決まっていませんが、動物倫理問題を扱う仕事を目指しています。国際機関に所属してトロフィーハンティングの持続可能性や倫理問題に関する活動をしたり、自分で事業を立ち上げて環境や動物倫理教育の普及・啓発をしたり、何らかの形で不合理な命の消費問題に取り組めたら嬉しいですね。学び続けることで、やりたいことや人脈はどんどん広がっていくと思っています。

　やりたいことを見つけるためには、完璧ではなくても挑戦してみることが大切です。夢中になれることは、行動しなければ見つかりません。

　夢が叶わなかった理由に環境や社会状況を挙げる人もいますが、夢が遠ざかり、叶わなくなるのは自らがあきらめ、別の道へ離れていくときです。自分の道を貫き、歩み続ければ、夢との距離は縮まっていきます。

　やりたいことを見つけ、やり続けるには相当な原動力と理由が必要であることから、自分を深く知ることも大切だと思います。私のおすすめは未来に手紙を残すこと。素直な気持ちを書き留め、あとから振り返ることで自分の変化や成長を実感でき、何に興味関心があるかが見えてきます。そこから自分らしい道がきっと見えてくるはずです。

第7章
海外で見つけた「なりたい」を叶える

●**たなか・かなこ**／高校卒業後、オーストラリア・クイーンズランド州にあるサンシャインコーストへ進学。在学中に動物や環境保全に関するインターンシップやイベント運営を経験。現在、CITES Global Youth Network（CGYN）の日本代表として活動する傍ら、CITES Japan Youthを設立。2025年から東京農工大学大学院に進学予定。

第7章　海外で見つけた「なりたい」を叶える

夢は
ソーシャルビジネスの起業
デザインの力で
社会貢献したい

カリフォルニア州立大学ロングビーチ校大学院
村山 はな

アメリカの大学で大好きな英語をもっと学びたい

　子どもの頃から英語学習のプログラムに触れ、英語が大好きだった私は、中学生のときに家族でフロリダのディズニーランドに行き、ショックを受けました。知っているはずの英語の発音がまったく聞き取れなかったのです。「もっと英語を勉強したい」という想いが強くなり、留学を視野に英語教育に力を入れている高校に進学しました。

　私は、やりたいことがあったら、すぐ行動する性格で、家族は何でもチャレンジさせてくれました。留学の相談をしたときも母親はあれこれ詮索せず、「そうなんだ」とあっさり。懸念していた留学費用は祖父母が出してくれました。家族がずっと応援してくれていることに、とても感謝しています。

　留学の準備をしていたとき、海外難関大学の留学をサポートする進学予備校があることを教えてくれたのも母親です。早速、問い合わせの電話をすると、スタッフの方がすごく親身に対応してくれて、留学してからも役立つ実践的なカリキュラムにも惹かれ、入学を決めました。

　予備校には、もともと英語を話せる子もいて、自分ももっとがんばろ

うと思えましたし、同じ志を持った仲間と一緒に学ぶことは刺激になりました。授業で特に役立ったのは、英語論文の書き方です。担当の先生が丁寧に教えてくれて、留学した大学の論文試験で高得点が取れたのは先生のおかげだと思っています。

　留学先として選んだのは、アメリカにあるワシントン州立エバレットコミュニティカレッジです。無事合格して、夢の一歩を踏み出しました。

適職診断をきっかけにグラフィックデザインの道へ

　エバレットはキャンパス内に学生寮があり、3人のアメリカ人の女の子と寮生活をしました。はじめは会話が聞き取れなかったり、文化の違いに戸惑ったりしましたが、次第に慣れていき、インドネシアや香港、タイなどいろんな国から来ている留学生と友達になれました。みんなで観光やスノーボードに出かけたり、夕ご飯を食べに行ったり、楽しい思い出もたくさんできました。

留学生活を送る中で自分の進路を考えていたときに、キャリアに関する自己診断テストを受けたことがあって、その際、向いている職業としてグラフィックデザインが候補のひとつに挙がりました。グラフィックデザインの授業を試しに受けてみると、自分に合っていると感じました。

　そこで、編入先は、グラフィックデザインが学べるチャップマン大学を選びました。強い憧れがあったカリフォルニアにキャンパスがあることも決め手です。インデザインやフォトショップを使って本や雑誌、ポスター、フライヤーのデザインなど、知識だけでなく実践的なスキルを学びました。UIデザインの授業では、スマホアプリや電子機器のインターフェースのデザインなどもして、すごく楽しかったですね。

　卒業後は、OPT制度（アメリカで最長１年間仕事ができる制度）を活用し、オレンジカウンティにあるIT企業でマーケティングデザインのインターンとして採用されました。OPTは留学生が採用されるのは難しいと言われています。私も100社以上応募して、面接まで行けたのは５社くらいでしたが、あきらめずに挑戦し続けました。

　インターン先で最初に任されたのは、会社が開発したアプリをSNSで宣伝することです。どうやったら楽しく共感してもらえるかを考えながら作成したSNSの画像が評価され、半年後にはフルタイムで働く契約社員になることができました。

　会社が主催したカンファレンスイベントのときは、私の考えたデザインがテーマデザインとして採用され、ポスターや会場のサインなどがすべて私のデザインをベースに作られていき、とても感動しました。

10年以内にソーシャルビジネスで起業したい

　現在は、カリフォルニア州立大学ロングビーチ校の大学院に通い、ヒューマンコンピュータインタラクション（HCI）を専攻しています。

　大学でグラフィックやUIなど、ユーザーからの見た目を重視したデザインを学んできましたが、インターンを終えた頃に、ユーザーの要望やニーズを的確に捉え、ユーザーの体験価値を向上させるUXデザインという考え方を知りました。スマートフォンやタブレット端末などに触れる時間が多い今の社会では、コンピュータを利用するときのUI/UXはとても重要です。HCIはそうした領域に深く関わる学問です。

　大学院卒業後は再びOPTを活用して、UXデザインやUXリサーチの仕事に就きたいと考えています。一方、現在はフリーランスとして活動し、社会貢献したいという同じ志を持った起業家の方々との出会いを通じて、10年以内にソーシャルビジネスで起業するという夢も持っています。そのため、大学院では将来を見据え、リーダーシップについても学んでいます。

　学ぶことは自分の可能性を広げてくれます。学びに終わりはありませんが、興味関心に従って行動を起こし、楽しめる範囲でやり続けることで、本当にやりたいことが次第に見えてくるのだと思います。

　私は週に1回、1週間で起きた出来事や気づきを紙に書いて残すようにしています。また、週単位、月単位の目標を決めて実行するようにしています。そのときに感じたこと、自分がしたいことを書き残し、あとから振り返るのはとても重要で、小さな目標達成の積み重ねが大きな夢へつながっていくのだと信じています。

●**むらやま・はな**／高校卒業後、アメリカ・ワシントン州にあるスカジットバレーコミュニティカレッジを経て、エバレットコミュニティカレッジへ編入。同校で一般教養を修了後、カリフォルニア州のチャップマン大学にてグラフィックデザインの学士号を取得。その後、カリフォルニア州立大学ロングビーチ校大学院に進学しHCIを専攻。同時にドイツIOBオーガニックスクールのフリーランスデザイナーとしても活躍中。

第7章

海外で見つけた「なりたい」を叶える

第**7**章　海外で見つけた「なりたい」を叶える

やりたいことが変わっても
積み上げた経験は
未来につながっていく

パーソルキャリア株式会社
BRS事業部ITコンサルタント **岩野 孝夫**

アスレティックトレーナーを目指してアメリカの大学へ

　もともとスポーツが大好きで、小さい頃はプロ野球選手を夢見ていました。でも、中学生のときに怪我をしたこともあって、選手以外の形でスポーツに携わる仕事に就きたいと考えるようになり、興味を持ったのがアスレティックトレーナーです。どうせなら本場アメリカで最先端のスポーツ医学やトレーナー技術を学びたいと思い、留学を意識するようになりました。

　とはいえ、英語は特に好きでも得意でもなかったため、まずは英語力を上げる必要がありました。そこで、海外難関大学の留学をサポートする進学予備校に1年間通うことにしました。その学校にはスポーツ医学の基礎を教えるカリキュラムもあって、午前は英語、午後はスポーツ医学の勉強をしました。

　両親は「やりたいことをやればいい」という考え方で、母親に留学の相談をしたら、「アメリカ？　カッコいいじゃん」と軽く背中を押してくれました。当時は1ドル80円前後くらい。現在のレートだったら費用面であきらめざるを得なかったかもしれません。

　留学先は、セントラルミズーリ州立大学を選びました。アスレティッ

クトレーニングに関するプログラムの評判が高かったからです。大学では、スポーツ選手の健康管理や怪我予防、応急措置、リハビリプランの立て方、テーピングの巻き方、治療機器の使い方など、トレーナーになるために必要な知識と技術を学びました。解剖学、運動力学、生理学、関連法規、資格試験対策などの授業もあり、「自分は医者になるのかな？」と思うくらい、とても忙しかったのを覚えています。

　実習は、大学スポーツの各種目を担当するトレーナーのもとで学びます。上級生になると実際に選手をケアすることもあり、アメフトや野球、陸上、バスケなど、競技の特性に合わせた技術を学ぶことができました。アメリカ軍の将校を養成するROTC（予備役将校訓練課程）も実習先になっていて、スポーツ分野以外でのトレーナーの可能性を感じましたし、軍関係者と接する貴重な経験ができ、面白かったですね。

第7章　海外で見つけた「なりたい」を叶える

熟慮の末に決めたキャリアチェンジ

　英語に関しては根拠のない自信があったのですが、ネイティブがネイティブに向けて話す場面や専門的な授業では内容が理解できず、結果的に１年目で留年してしまいました。そこからは学習方法を見直して、予習復習を徹底して授業に臨むように意識し、以降は無事に進級できました。１年生で単位を落としたクラスの教授が２年生に上がるときに、「１年前と比べてすごく成長している」とほめてくれて、その言葉がとても嬉しく、留学生活の支えになりました。

　トレーナーの資格は卒業前に取得し、卒業後はOPT制度（アメリカで最長１年間仕事ができる制度）を利用して、サウスカロライナ州にある小さな大学でインターンとして１年間働いたあと、大学院に進学しました。その大学院は、学内でトレーナーとして働くと、学費は全額免除、家賃も負担してくれて、給料までもらえます。２年間トレーナーとしての実務経験を積むことができ、MBAも取得しました。

　大学院卒業後は新たにOPT制度を利用できるのですが、トレーナーとしてオファーをもらえたのは、１年後に就労ビザの取得をサポートしてくれない就職先だけでした。日本に戻ってトレーナーとして職を探すか、アメリカに残るか。とても悩んだのですが、大学院で専攻していた一般ビジネスに興味を持ち始めていたこともあり、キャリアチェンジをして、アメリカに残ることを決めます。そして、就労ビザの取得を積極

的にサポートしてくれる人材派遣会社に就職しました。

　その会社で３年半ほど働き、永住権の話もあったのですが、仕事がハードすぎて、メキシコ人女性との結婚を機に家庭を大切にしたいと考えるようになり、12年振りに日本に戻ることにしました。

未来がどうなるかは誰にもわからない

　帰国後は、妻が日本の生活に慣れるまで仕事をしないと決め、１年近く２人で旅行をしたり、日本の文化に触れてもらったり、メキシコの家族に会いにも行きました。その後、就職活動を始め、今はパーソルキャリア株式会社のBRS事業部でバイリンガル・マルチリンガル人材専門のキャリアサービスに携わっています。具体的にはIT専門職の求人に対して、候補者をヘッドハンティングして紹介する仕事です。

　トレーナーに未練はないと言えば嘘になります。しかし、今の仕事にやりがいを感じていますし、たくさん稼いで、家族を幸せにすることを目標に、日々充実した毎日を送っています。

　やりたいことを見つけるためには、「できること」だけに縛られない考え方が大切だと思います。私はトレーナーになりたいという目標があったからこそ、毎日努力を続けてアメリカの大学へ進学できましたし、アメリカでもっと生活したい、家族を大切にしたいという思いがあったからこそ、大学院進学やキャリアチェンジを実現できました。

　未来がどうなるかは誰にもわかりません。でも、目標に向かって一生懸命に取り組んだ経験は、その後の人生に必ず役立ちます。私の場合、そのときは気づかなくても、あとから振り返ると、点と点はすべてつながっていました。先が見えず不安な状況でも、自分を信じてチャレンジを続けてください。自分らしい道がきっと拓けていくはずです。

●いわの・たかお／日本の高校卒業後、アメリカのセントラルミズーリ州立大学でアスレティックトレーニングを専攻。OPT制度を利用したインターンや大学院でのMBA取得を経て、現地の人材紹介会社で勤務。結婚を機に帰国し、現在はパーソルキャリア株式会社で勤務中。

Column

▶ なりたい自分を叶える

目標を実現するための手段を明確にする

　大谷翔平選手が実践していたことで話題になった「マンダラチャート（目標達成シート）」をご存じでしょうか？

　ここでは、マンダラチャートの生みの親である松村寧雄氏によって設立された株式会社クローバ経営研究所と教育・人材・介護事業などを行うヒューマンホールディングス株式会社が共同で開発した「SELFingシート」を紹介します。

　「SELFing（セルフィング）」とは、自分らしい生き方、なりたい自分を見つけて、実現するために道筋をつけて進むことを指します。

　中心核を持った３×３のマトリクスであるマンダラチャートを基に作られた「SELFingシート」をツールとして使用することで、なりたい自分（目標）を明確にして、目標を最短距離で実現するために何をすればいいのかがわかってきます。

「SELFingシート」の使い方

　「SELFingシート」は、「人生目標」と「３年後の自分（目標）」の２種類があります。

　「人生目標」シートには、すでに項目が決まった９マスがあります。最大の特色は、一生を通して「なりたい自分」になることを目的としているため、中心核を「人生目標」とし、その人生目標を達成させるための８項目を「A健康」「B仕事」「C経済」「D家庭」「E社会」「F人格」「G学習」「H遊び」に設定していることです。

　それぞれの項目を人生において重要度順に並べて考えることで、自分の人生における要素の優先順位も再確認できます。つまり、これによって人生の設計図を作り上げることができます。

　次に、「３年後の自分（目標）」シートを記入します。こちらは中心核に、「人生目標」シートの「B仕事」を記入する人が多いのですが、大

「SELFingシート」

「人生目標」シートと書き方

F 人格	C 経済	G 学習
B 仕事	**人生目標**	**D 家庭**
E 社会	**A 健康**	**H 遊び**

F 人格	C 経済	G 学習
・相手の立場、視点を思考する ・人の本音を聞く力をつける ・自分の主張は人の話を聞いた後にするくらいでいい	・生活に潤いがある程度の収入を得る ・経済や投資の知識を持つ ・日本と世界の経済について勉強する	・自分がやりたい分野は積極的にスクールなどに参加してどんどん吸収する ・趣味でもビジネススキルでも貪欲に知識習得する
B 仕事	**人生目標**	**D 家庭**
・常に自分の棚卸をする ・足りないスキルを身につける ・目標を明確に達成した際は自分にご褒美をあげる	**人に優しく思いやりを持ち、人とのコミュニケーションを楽しめる人生**	・家族や親せき、あるいはご近所とのコミュニケーションを大切にする ・シニアの1人暮らしになっても、自由に暮らせるだけの経済的余裕
E 社会	**A 健康**	**H 遊び**
・社会に対してアンテナをはる ・自分の行いで社会に貢献する ・手帳などに記載して自分の行動を振り返る	・健康に気を配り、いつでも元気に明るく振舞う ・ぐっすり眠れる毎日、栄養バランスに気をつける（甘い物の食べ過ぎに注意）	・趣味（公園巡り、花の鑑賞）の時間を持てるように工夫する ・人に勧められたものはチャレンジし、フィードバックする（共感を言葉で表す）

「3年後の自分（目標）」シートと書き方

F	C	G
B	**3年後の自分（目標）**	**D**
E	**A**	**H**

F パフォーマンスをあげる	C 企業人としての組織の育成	G チャレンジ成功事例を自らが作る
・健康であること 睡眠、食事、運動、セルフケア ・モチベーション 必ず定量的な目標値を設定し、周りの人に宣言しておく	・強い組織（社内でプロと思われる組織） ・研修制度・プログラムの開発 ・社内資格の設定	・毎年、新チャレンジを何か1つやってみる ・ユーチューブチャンネルの開設 ・新サービスや取り組みの提案
B 肩書	**3年後の自分（キャリアプラン）**	**D 営業力**
ブランドコンサルに有効な肩書を身につける。資格を積極的にとる。 ・ブランドコンサルタント ・ブランドトレーナー ・PRコンサルタント	**企業ブランディングを推進する立場にいる ブランドディレクターとして各企業様や地方創生のブランドに関わる仕事に就く**	・企業にアプローチする企画力 ・影響力の高い方とのリレーション ・人に会える場に積極的に参加 ・SNSでの発信
E プロジェクトマネジメント力	**A ブランドコンサルのスキル習得**	**H 専門スキル**
ブランディングを推進するにはプロジェクトマネジメント力が必要 ・ファシリテーションのノウハウ ・プレゼンテーション力	・資格取得（自信をつける） ・ブランディングの知識 ・マーケティングの知識 ・ファシリテーション能力 ・コミュニケーション能力	・自らもスキルを持ち提案する ・PESTを幅広く理解しておく ・ブランド、PR分析力 ・心理学（コミュニケーション、コーチング）

切にしていることは人それぞれですので、仕事以外の目標でも構いません。中央のマス以外は記入項目が決まっていませんが、たとえば、「仕事で昇進したい」という目標であれば、周囲に「資格取得」「スキルアップ」「人脈づくり」といった目標達成のために必要だと思うキーワードを優先順位の高い順にA→B→C……とアルファベット順に配置します。キーワードをアルファベット順に並べることで、目標達成までの道のりを可視化し、具体的な行動計画が立てやすくなります。

「SELFingシート」は、「なりたい自分」をデザインするための羅針盤です。このシートを活用して、「なりたい自分」に向かってください。

［著者略歴］

なりたい自分発見ラボ（なりたいじぶんはっけんらぼ）

「自分を見つめ直し、なりたい自分に挑戦してみたい」方に向けて、第一歩を踏み出すヒントを提供するプロジェクト。さまざまな転身ストーリーの紹介と実戦的なアドバイスで、輝く未来へ導くナビゲーターとして活動している。

誰も教えてくれなかった 「なりたい自分」の見つけ方

2025年2月21日　初版発行

著　者　　なりたい自分発見ラボ

発行者　　小早川幸一郎

発　行　　**株式会社クロスメディア・パブリッシング**
　　　　　〒151-0051 東京都渋谷区千駄ヶ谷4-20-3 東栄神宮外苑ビル
　　　　　https://www.cm-publishing.co.jp
　　　　　◎本の内容に関するお問い合わせ先：TEL（03）5413-3140／FAX（03）5413-3141

発　売　　**株式会社インプレス**
　　　　　〒101-0051 東京都千代田区神田神保町一丁目105番地
　　　　　◎乱丁本・落丁本などのお問い合わせ先：FAX（03）6837-5023
　　　　　　service@impress.co.jp
　　　　　※古書店で購入されたものについてはお取り替えできません

印刷・製本　　**株式会社シナノ**

©2025 Naritai Jibun Hakken Lab, Printed in Japan　　ISBN978-4-295-41061-4　　C2034